Eleni Torossi

Warum Tante Iphigenia
mir einen Koch schenkte

Eleni Torossi

Warum Tante Iphigenia mir einen Koch schenkte

*Geschichten
meiner griechischen Familie*

Langen*Müller*

Wenn nicht anders angegeben,
sind alle Rezepte in diesem Buch
für sechs Personen.

Besuchen Sie uns im Internet unter
www.langen-mueller-verlag.de

© 2009 by Langen*Müller* in der
F. A. Herbig Verlagsbuchhandlung GmbH, München
Alle Rechte vorbehalten
Das Zitat auf Seite 158 entstammt dem neunten Gesang der Ilias.
Zit. nach: Homer, Werke in zwei Bänden. Aus dem Griechischen
übersetzt von Dietrich Ebener, Berlin/Weimar 1983. Der Abdruck
erfolgt mit freundlicher Genehmigung des Aufbau-Verlags.
Umschlaggestaltung: Wolfgang Heinzel
Umschlagbilder und Illustrationen: Simona Petrauskaite
Satz: EDV-Fotosatz Huber/Verlagsservice G. Pfeifer, Germering
Gesetzt aus 10,7/13,5 pt Adobe Garamond
Druck und Binden: GGP Media GmbH, Pößneck
Printed in Germany
ISBN 978-3-7844-3196-3

Für meine guten Tanten

Angeliki,
Eleni,
Christiane,
Katerina,
Louisa,
Giselaki

und die Onkel

Manolis Manoussakis
und
Philipp Grammes

MEINE TANTEN UND ICH

Ich erzähle gerne Geschichten; Geschichten von besonderen Menschen, die mich berühren, mich begeistern, meine Phantasie beflügeln. Ich habe einmal über einen Fischer geschrieben, der aus Chalkidiki zu Fuß nach München kam, dreißig Jahre lang im Akkord arbeitete und sich dann eines Tages auf sein Fahrrad schwang und in seine Heimat zurückkehrte. Ich habe auch über einen Mann geschrieben, der in einem grauen Vorort Frankfurts aus lauter Melancholie eine bunte Konditorei mit dreistöckigen Hochzeitstorten eröffnete. In die Vitrinen stellte er bunte Süßigkeiten, dann inszenierte er auf dem obersten Stock seiner höchsten Hochzeitstorte eine bunte Hochzeit. Da war auch die Geschichte der Frau, die unentwegt Kinderbücher las, bis sie auf dem Rücken eines chinesischen Tigers in ein Buch sprang und sich auf und davon machte. Es gibt viel, worüber ich schon geschrieben habe und noch schreiben möchte.

Aber jetzt ist es vor allem an der Zeit, über meine Tanten zu schreiben, die viel gereist sind, überall und nirgends eine Heimat haben, pausenlos mit Speisen experimentieren und mich ständig bekochen und verheiraten wollen.

Meine Familie ist, ähnlich wie Odysseus, seit Jahrhunderten ein großer Meister im Wandern und Auswandern. Mittlerweile haben wir in Griechenland, der Türkei, Italien, Spanien, Deutschland und Amerika Wurzeln geschlagen. Die alten Geschichten dieser Länder, vor allem aber der Duft der Kräuter und der Geschmack der verschiedenen Gerichte verbinden uns. Auch die ganz speziellen Klänge, die wir in unseren Küchen erzeugen, wenn wir dort umherschwirren, schaffen ein gemeinsames Bewusstsein: Die Schläge im großen Messingmörser zum Beispiel klingen wie die Glocken der Meteora-Klöster und erinnern mich an meine Großmutter Eleni, wenn sie die Fischrogen für den Taramosalata zerdrückte.

Bei uns heißt es: »Liebe geht durch den Magen.« Meine Tanten lieben es, anderen ihre sinnlichen, saftigen Gerichte aus dem Mittelmeerraum vorzustellen, und sie erzählen, dass alle Menschen dort, von der kleinasiatischen Küste bis zu den Herakleischen Säulen von Gibraltar, eine einzige große Familie seien. Diese Familie hat sich inzwischen auf ganz Europa ausgedehnt und so ein riesiges kulinarisches Wissen angehäuft: Aus dem Osten brachte sie die goldenen Äpfel der Hesperiden und die exotischen Gewürze mit, aus dem Süden, dem großen Garten der Sonne, das Olivenöl, die Feigen und die heilenden Kräuter, und aus dem Westen die Kunst der Zubereitung köstlicher Mittelmeerfische.

Die Spuren meiner Familie väterlicherseits sind seit über zweitausend Jahren in Kappadokien zu finden, heute ein Teil der Türkei. Vor zwei Jahrhunderten zog mein Urururgroßvater Andronikos, ein frommer Mann und Lehrer der griechischen Sprache, vom kappadokischen Sinasos nach Istanbul. Mit der Zeit holte er seine ganze Sippe dorthin nach. In der großen Stadt am Bosporus versprachen sie sich ein besseres Leben und Andronikos lehrte wieder Griechisch.

Mein Urgroßvater Theofilos, Sohn von Andronikos, wurde zum Studieren nach Wien und Leipzig geschickt und diente nach seiner Rückkehr als Sekretär des Sultans im Topkapi-Palast. Theofilos' Bruder Agissilaos wurde um das Jahr 1874 als junger Mann nach Altona bei Hamburg gesandt, wo er sich mit dem Salzen von Fischen aller Art befasste. Er kehrte nach Istanbul zurück, gründete eine Fischsalzerei und betrieb später Handel mit Kaviar aus dem Schwarzen Meer.

Beide Brüder liebten die deutsche Sprache und Kultur und wollten sie auch ihren Kindern und Enkeln vermitteln. Mein Großvater Georgios, Sohn von Theofilos, wurde 1918, gleich nach dem Ersten Weltkrieg, nach München geschickt, um an der Technischen Hochschule Maschinenbau zu studieren. Später spezialisierte er sich an der Universität in Rostock auf Schiffstechnik und arbeitete einige Jahre am Hamburger Hafen. Als er 1928 nach Istanbul zurückkehrte, waren die meisten Istanbuler Griechen im Zuge des großen Bevölkerungsaustausches zwischen Griechenland und der Türkei schon aus der Stadt weggezogen, wie auch ein Teil unserer Familie. Georgios blieb, heiratete meine Großmutter und Namensgeberin Eleni und sprach immer von seinem Deutschland, weshalb auch meine Mutter und meine Tanten das Österreichische Gymnasium Sankt Georg in Istanbul besuchten. Mein Großvater war sehr stolz auf seine drei Töchter, die in ihrer Jugend bekannt waren für ihre Eleganz, aber auch dafür, dass sie aus Goethes »Faust« zitieren konnten.

Seine älteste Tochter Aspasia, meine Mutter, verließ Istanbul im Jahr 1954, mit 22 Jahren, und zog nach Athen. Dort heiratete sie meinen Vater Lukas, der als Steuerberater arbeitete. Später eröffnete sie einen kleinen Hutladen und mit der Zeit wurde sie eine der bekanntesten Hutmacherinnen der griechischen Hauptstadt. Als ich geboren wurde, gab sie mir den Namen ihrer Mutter, Eleni, und auch den Namen einer früh verstorbenen Schwester meiner Großmutter, Anna. Sie nannte mich also Eleana. Nach der Schule saß ich meistens in einer Ecke ihres Ladens und machte meine Hausaufgaben. Durch diesen Laden war meine Mutter zum Glück finanziell unabhängig, denn mein Vater machte eine Menge Steuerschulden und musste schließlich flüchten. Er übersiedelte mit einer neuen Frau nach Zypern und später von dort nach Kanada.

Meine Mutter, die sehr attraktiv war und elegante Kleidung liebte, hatte viele Gelegenheiten, andere Männer kennenzulernen. Aber sie war zu stark und zu gescheit, um einen neuen Mann neben sich zu akzeptieren. Ihre Arroganz und ihr ironischer Witz hielten jeden, der ihr den Hof machte, ganz schnell wieder fern. »Pfff!«, rief sie und zuckte mit den Schultern. »Soll er doch bleiben, wo der Pfeffer wächst! Dort findet er vielleicht ein Weibchen, das ihm seine Pfeffersuppe kocht!«, lachte sie giftig. Irgendwie war meine Mutter durch den Abgang meines Vaters zutiefst getroffen. Und dann war ich auch noch weg. Anfangs besuchte sie mich oft in München, aber aufgrund ihrer zunehmenden Steifheit hatte ich heftige Gewissensbisse und unsere Beziehung war sehr angespannt. Sie starb vor fünf Jahren an einem plötzlichen Herzinfarkt, obwohl sie eigentlich noch jung war.

Tante Iphigenia, die zweitälteste der drei Schwestern, ist mein Schutzengel, weil sie sich um mich am meisten Sorgen macht. Rotblond, schlank und groß, bei uns allen für ihre kulinarischen Frechheiten bekannt, ist sie heute 73 Jahre alt, immer gut informiert und ebenso gut gelaunt. Sie lebt mit ihrem Mann, Onkel Yusuf, einem libanesischen Arzt, in Venedig.

Ihre acht Jahre jüngere Schwester Afroditi war schon immer sehr extravagant und künstlerisch angehaucht. Ihr Markenzeichen sind ihre weißen Haare mit blauen Strähnen. Sie lebt mit ihrer Tochter Savina in Cazorla in Andalusien, wo sie ein kleines Restaurant betreibt. Dort kreiert sie besonders erlesene Köstlichkeiten.

Meine Tante Pinelopi ist eine Cousine meiner Mutter. Sie ist mit ihren 77 Jahren die Älteste in unserer Familie und arbeitete viele Jahre als Deutschlehrerin am Deutschen Gymnasium in Athen. Seit fünfzehn Jahren wohnt sie mit ihrem deutschen Mann, Onkel Manfred, einem Archäologen, auf Korfu. Ihre zwei Kinder, Petros und Amalia, haben in Amerika studiert und arbeiten heute in Kalifornien und Michigan. Seit beide vor einigen Jahren in Rente gingen, beschäftigen sich Tante Pinelopi und Onkel Manfred mit der Erforschung und Züchtung von Kräutern und Gemüsearten aus der Antike. Auf Korfu sind sie inzwischen sehr bekannt – wegen ihrer Kräuter, aber vor allem wegen der lila schimmernden Haare meiner Tante.

Tante Ourania ist die andere Cousine meiner Mutter. Ihr Vater Charilaos und ihre Mutter Eugenia, Schwester meines Großvaters Georgios, zogen in den Dreißigerjahren nach Thessaloniki und eröffneten dort ein Geschäft mit

Ersatzteilen für kleine und größere Schiffe. Tante Ourania ist wunderbar bodenständig und dazu eine ausgezeichnete Hausfrau. Sie ist jünger als die anderen, so um die 60, brünett mit einigen weißen Haaren, klein und ziemlich rundlich. Ich nenne sie zärtlich »Honignudel« und sie ziert sich etwas, aber ich denke, es gefällt ihr. Mit ihrem Mann Theofilos, einem studierten Bauingenieur, lebt sie heute in Nürnberg. Er ist auf dem Berg Olymp nahe der Ostküste Griechenlands aufgewachsen und hütete schon als Kind die Schafe seiner Familie, weshalb er eine Vorliebe fürs Grillen und Braten hat.

Als die beiden vor dreißig Jahren nach Deutschland kamen, sprachen sie kaum Deutsch. Sie ließen sich in Düsseldorf nieder, aber da es damals eine gewaltige Krise in der Baubranche gab, eröffnete Onkel Theofilos eine Spieß- und Rippchenbraterei, die sehr erfolgreich war. Später zogen sie nach Nürnberg, eröffneten wieder ein Lokal, boten Grillhähnchen an und nannten sie »Aristophanes' Knuspervögel«. Als Tante Pinelopi und Onkel Manfred sie einmal besuchten und dieses Schild über dem Lokal sahen, traf sie beinahe der Schlag. Der Name der Grillbraterei war für sie eine große Beleidigung der griechischen Kultur. Sie verlangten, im Namen der Familie natürlich, dass das Schild sofort entfernt werden müsse, und redeten so lange auf Ourania und Theofilos ein, bis sie es tatsächlich abnahmen. Jetzt steht dort: »Theofilos' Rippchen- und Lämmchenbraterei«. Denn inzwischen bieten sie nicht nur Brathähnchen, sondern auch Rippchen, Nürnberger Bratwürste und Lammkoteletts an.

»Wir kombinieren die Tradition der Nürnberger Rostbratwurst mit der des homerischen gegrillten Lamms und der griechischen Souvlaki-Spießchen«, dichtete Onkel Manfred für die Speisekarte der Braterei – und Onkel Theofilos war zufrieden.

Und ich? Ich erzähle eben gerne Geschichten. Und ich liebe meine Tanten, ich liebe es, wenn sie mich in meiner Stadt, wo ich seit vielen Jahren lebe, besuchen. Sie bekochen mich, drängen mich, Freunde einzuladen, und halten Ausschau, ob irgendwo ein geeigneter Mann für mich steckt, den ich vielleicht übersehen habe. Einen gab es sogar, eine Zeit lang, aber das hat nicht so richtig geklappt. Ich koche auch gerne mit meinen Tanten. Angeregt werden wir dabei vom Duft und den leuchtenden Farben der Zutaten, und währenddessen erzählen mir meine Tanten immer wieder aus ihrem Leben und von den kulinarischen Traditionen rund um das Mittelmeer.

Die Griechen der Ägäis haben die hohe Esskultur der Griechen aus Konstantinopel, dem heutigen Istanbul, stets bewundert. Vielleicht, weil sie dort mit Muße kochten, beeinflusst vom gemächlichen Rhythmus Anatoliens. Für jene war es etwa eine Sünde, Melitzanosalata, Auberginencreme, mit dem Küchenmixer zu pürieren. Das Fruchtfleisch der Aubergine sollte behutsam mit der Gabel zerdrückt, dann mit dem eingeweichten Brot vermischt und nochmals sanft zerdrückt werden, damit die Struktur der Frucht erhalten bleibt. Aber das macht heute kaum jemand mehr. Beim Kochen waren unsere Verwandten in Istanbul unschlagbar und ihre wunderbaren Gerichte weckten die unterschiedlichsten Phantasien und Träume – auf jeden Fall bei mir, als ich klein war; eigentlich aber gilt das bis heute.

DER TAG,
AN DEM TANTE IPHIGENIA
MIR EINEN KOCH SCHENKTE

Zu meinem fünfzehnten Geburtstag fuhr ich mit meiner Mutter nach Istanbul, ihrer Heimatstadt. Tante Iphigenia, die mit ihrem Mann Yusuf damals dort lebte, hatte uns schon oft in Athen besucht. Ich liebte sie über alles, weil sie mir begegnete, als wäre ich schon erwachsen; nie behandelte sie mich wie ein kleines Kind. Sie legte auch großen Wert auf meine ehrliche Meinung zu den Geschichten, die sie mir beim Kochen erzählte, und auch zu ihren Zeichnungen. Tante Iphigenia, die viel Sinn für Humor hat, zeichnete Karikaturen, die sie sogar in Istanbul ausstellte, und bei jedem Besuch dort wuchs meine Begeisterung für sie – und für ihre ungewöhnlichen Kochkünste. Dass ich heute Geschichten erzähle und schreibe, das habe ich eher von meiner Tante Iphigenia als von meiner Mutter.

Bei meinem Geburtstagsfest also präsentierte sie uns erst einmal als Vorspeise zerdrückten Knoblauch, Salz und Minze in Joghurt. So weit war alles normal – bis die klein geschnittenen Aprikosen dazukamen. Meine Mutter war entsetzt. »Aprikosen und Knoblauch? Wie kannst du nur!«, rief sie. Das traditionelle Zaziki mit Knoblauch und geriebener Gurke fand sie wunderbar, da brauchte man doch nicht zu experimentieren. Ich aber fand Tante Iphigenias Vorspeise sehr erfrischend. Onkel Yusuf war anscheinend ebenfalls begeistert, er streute sogar noch mehr frische Minzeblätter und einige Walnüsse auf sein Joghurt. Aber er war ja selbst genauso unkonventionell wie meine Tante – deshalb hatten die beiden trotz widriger Umstände auch geheiratet: Meine fulminante Tante überraschte, als sie jung war, nicht nur mit ihren Karikaturen und ihren kulinarischen Extravaganzen, sondern auch mit ihren Affären. Kaum war sie mit der Schule fertig, brachte sie eines Tages einen jungen libanesischen Arzt nach Hause. Sie war unsterblich in ihn verliebt und wollte ihn unbedingt heiraten. »Einen Araber?«, rief Georgios, der andere Pläne für seine Tochter hatte. »Wir sind Christen!« Schließlich stimmte er nur zu, weil der Auserwählte aus einer reichen christlichen Familie im Libanon stammte und Medizin studierte. Seitdem laboriert Tante Iphigenia in der Küche munter mit türkisch-griechisch-libanesischen Variationen – und inzwischen auch mit italienischen. Vor etwa zehn Jahren sind die beiden nach Venedig gezogen, wo Onkel Yusuf in einem großen Krankenhaus arbeitet.

Ich glaube, meine Mutter war etwas neidisch auf ihre Schwester, weil ihr alles so mühelos gelang: Sie hatte einen lieben Mann, nahm immer alles mit Humor und wurde von allen bewundert. Andererseits bedauerte sie ihre Schwester und Onkel Yusuf oft – »Die Armen, sie haben zwar einander, aber keine Kinder« –, während sie selbst stolz war, dass sie mich hatte. Mit mir war das allerdings so eine Sache: Schon mit achtzehn fuhr ich nach München, um zu studieren. Eigentlich sollte ich nach meinem Studium sofort nach Athen zurückkehren, doch als ich zu arbeiten begann und auch einen Mann kennenlernte, war an Rückkehr nicht mehr zu denken. Meine Mutter war zwar traurig darüber, aber da sie immer nur mein Bestes wollte, musste sie einsehen, dass ich in München mehr Perspektiven hatte. Inzwischen lebe ich schon sehr lange hier und München ist zu meiner zweiten Heimat geworden.

Wie dem auch sei, an jenem festlichen Geburtstagsmorgen in Istanbul nahm mich meine Tante beiseite, führte mich in ihr Schlafzimmer und schenkte mir meine erste Nylonstrumpfhose und ein traumhaftes Unterhemd aus Seide mit Spitze an der Oberkante! Ich war sprachlos. »So wie das Herz bei einer guten, duftenden Moussaka aufgeht, so blühen auch die Herzen der Männer auf, wenn sie die schönen Beine der jungen Frauen sehen können. Du bist jetzt kein Kind mehr, sondern eine junge Frau«, sagte meine Tante. »Dein Herz klopft doch auch, wenn du einen schönen Jungen siehst, oder?« Ich nickte und wurde rot. »Du brauchst dich nicht zu schämen oder zu fürchten. Bei den Männern musst du mutig sein und darfst keine Angst haben. Du kannst mich aber immer anrufen, wenn du eine Frage hast. Es ist schwierig, diese Themen mit der Mutter zu besprechen; mit der Tante ist es leichter. Einverstanden? Aber kein Wort zu niemandem.« Wir kehrten ins Wohnzimmer zurück, als wäre nichts gewesen. Mutter plauderte mit Yusuf und hatte unsere Abwesenheit gar nicht bemerkt.

Tante Iphigenia hatte angekündigt, Spargel zu kochen, weil es die Saison dafür war, aber auch weil sie wusste, dass ich

Spargel liebe. Der große Tisch im Esszimmer war vornehm und frühlingshaft gedeckt. An diesem Tisch, der wie durch Zauberei immer größer werden konnte, wenn man ihn vorne, hinten und seitlich auszog, saßen manchmal über zwanzig Personen. Bald präsentierte uns meine Tante eine große Platte mit grünen Spargelspitzen, fein geschnittenen Frühlingszwiebeln, geröstetem Sesam und geriebener Zitronenschale. Dazu stellte sie einen tiefen Teller mit Pellkartoffeln auf den Tisch, und eine kleine Schale mit geschmolzener Butter. Ich hatte noch nie Spargel mit Sesam und geriebener Zitronenschale gegessen. Es schmeckte wunderbar! »Einfach nur Spargel, das ist doch langweilig«, sagte meine Tante. »Doch mit Sesam und geriebener Zitrone wird aus dem schlichten Spargel eine anziehende, erotische und luxuriöse Speise! Ist es nicht so, Yusuf?«, fragte sie lachend. Meine Mutter wurde bei diesen Überlegungen etwas blass, Yusuf lachte und ich amüsierte mich im Stillen.

Danach kam der Höhepunkt Tante Iphigenias kulinarischer Frechheiten: das Dessert. Mit den rätselhaften Worten »Da ihr bestimmt noch nicht richtig satt geworden seid, habe ich einen etwas handfesteren Nachtisch gemacht, eine Überraschung für den Geburtstag meiner Nichte«, verschwand sie in Richtung Küche. Ich dachte an eine Torte, folgte ihr und sah, wie sie in einem kleinen Topf schwarze Schokolade schmolz und mit den Fingern kleine getrocknete Chilischoten darüberrieb. Dann holte sie eine große Schüssel mit gekochten Spaghetti aus dem Ofen und mischte langsam die heiße Schokoladensoße darunter. Als sie den sich sanft hin- und herwiegenden Schoko-Spaghetti-Berg auf den Tisch stellte, machten alle erst einmal große

Augen. Dieses italienische Experiment erschien uns anfangs doch etwas gewagt. Als ich aber – zugegebenermaßen zögernd – die Schokospaghetti probierte, war ich überrascht: Die Pasta hatte Biss, die Schokoladensoße war angenehm süßbitter und scharf zugleich.

»Deine afrikanischen Spaghetti schmecken himmlisch!«, rief Onkel Yusuf. »Oder sind es vielleicht arabische? Habe ich dich inspiriert?«, lachte er, und wir anderen mit ihm. Ich verlangte noch eine Portion.

»Schlag dir den Bauch nicht so voll, das Zeug liegt schwer im Magen!«, bemerkte meine Mutter.

»Deine Nase ist schwer, deswegen steckst du sie überall rein!«, witzelte Tante Iphigenia, die neben meiner Mutter stand, und zog sie an der Nase. Aber das Chili, das immer noch an ihren Fingern klebte, machte aus der Nase meiner Mutter eine rote Paprika. Es musste höllisch brennen und jucken und sie bekam feuchte Augen.

Tante Iphigenia nahm spontan einen Bleistift und ein großes Blatt Papier und zeichnete schnell und mit sicheren Linien einen lächelnden Koch, der sich mit einem Spaghettiberg auf einem Teller, die Hand hinter dem Rücken, vor einer Frau mit tropfender Nase verbeugt. Anschließend malte sie auf den Kopf des Kochs einen riesigen lustigen Hut und um ihn herum einen Kreis aus lauter verrückten Hüten. »Dieser Koch kauft seine Hüte bei der besten Hutmacherin Athens, meiner Schwester Aspasia!« Dann drehte sie sich zu mir und gab mir die Zeichnung. »Das sind dein Koch und dein Spaghettiberg zu deinem fünfzehnten Geburtstag!«, sagte sie.

Ich habe diesen Tag nie vergessen. Den Tag, an dem ich meine ersten Nylonstrümpfe und den ersten Koch geschenkt bekam. Die Zeichnung hängt heute über meinem Schreibtisch und wenn ich manchmal am Computer sitze, um zu schreiben, und keine Ideen habe, betrachte ich kurz den sich verbeugenden Koch, lache und schon kommen neue Ideen für neue Geschichten.

ZAZIKI MIT APRIKOSEN UND MINZE

ZUTATEN:
2–3 Knoblauchzehen, zerdrückt • 20 ml Olivenöl • Saft einer halben Zitrone • Salz, Pfeffer • 500 g abgetropfter Joghurt (10% Fett; erhältlich in jedem türkischen Lebensmittelladen oder man lässt normalen Joghurt durch einen Kaffeefilter abtropfen) • 1 Bund frische Minzeblätter • 6–8 Aprikosen (frische oder getrocknete), geviertelt • 100 g grob gemahlene Walnüsse

ZUBEREITUNG:
Den zerdrückten Knoblauch, das Olivenöl, den Zitronensaft, Salz und Pfeffer in die Schüssel mit dem Joghurt geben und mit einem großen Löffel verrühren. Die fein gehackten Minzeblätter und die geviertelten Aprikosen dazugeben. Auch Walnüsse schmecken gut dazu.

SPARGEL MIT SESAM

Zutaten:
*500 g grüner Spargel • Salz • 150 g Sesam •
100 g Butter • 3 Frühlingszwiebeln, klein gehackt •
3 EL geriebene Zitronenschale*

Zubereitung:
Den grünen Spargel 10 Minuten in Salzwasser kochen lassen. Währenddessen in einer Pfanne den Sesam trocken rösten. Den Spargel aus dem Wassertopf nehmen, abtropfen lassen und mit etwas Butter in einer Pfanne anbraten. Die klein gehackten Frühlingszwiebeln und die geriebene Zitronenschale dazugeben. Der Spargel ist fertig, wenn er goldgelb angebraten ist.

SPAGHETTI MIT SCHOKOLADENSOSSE

Zutaten:
500–700 g Spaghetti • 2 Tafeln dunkle Schokolade (80% Kakao) • 80 ml Milch • 2 kleine getrocknete Chilischoten • 6 Eigelb • 6 Eiweiß

Zubereitung:
Die Spaghetti al dente kochen (ins Kochwasser etwas Olivenöl geben, damit sie nicht zusammenkleben), in einem Sieb abtropfen lassen und in einer großen Schale anrichten. Die Schokolade mit der Milch schmelzen lassen und die Chilischoten darüberreiben. Die Eigelb schlagen und mit der Schokolade mischen. Auch die Eiweiß schaumig schlagen und unterrühren. Die Schokoladensoße über die Spaghetti gießen.

HERBST

DIE SEEFAHRER VON KYMI
UND DIE PRIESTERIN PYTHIA

Tante Iphigenia, Onkel Yusuf und ich verbringen den Sommer oft auf der Insel Euböa, an der ägäischen Küste. Dort hatte nämlich meine Mutter von meiner Großmutter Eleni ein Häuschen in der kleinen Stadt Kymi geerbt – nun gehört es mir. Tante Ourania und Onkel Theofilos sind dieses Jahr auch bei uns. Tante Pinelopi und Onkel Manfred besuchen uns hingegen selten, sie trennen sich nicht so leicht von Korfu.

Nach Kymi kommen nur wenige Touristen, daher ist es auch im Hochsommer relativ ruhig. Die meisten Besucher sind auf der Durchreise, da dort die Fähre zur gegenüberliegenden Insel Skyros ablegt. Die kleine Stadt selbst, an einen Berghang geschmiegt, entdecken die allerwenigsten. Kymi liegt zweihundertfünfzig Meter über der Meeresoberfläche und ragt über die Ägäis wie ein Balkon, von dem man an klaren Tagen die Insel Skyros sehen kann. Manche alte Fischer behaupten, man könne sogar bis zur gegenüberliegenden Küste der Türkei sehen; das ist aber wahrscheinlich nur Seemannsgarn. Trotzdem habe ich früher beobachtet, wie meine Mutter Aspasia und ihre Schwester Iphigenia auf einem Felsen saßen und sehnsüchtig in die Ferne schauten. Dieses Gefühl, nur einen Sprung vom benachbarten Land entfernt zu sein, erklärt vielleicht auch die jahrhundertealte Seefahrertradition der Stadt.

Kymi war schon in der Antike für seine mutigen Seefahrer bekannt, die die erste griechische Kolonie auf der gegenüberliegenden Küste, in Kleinasien, gründeten. Die kleine Siedlung dort wurde Cumae genannt, nach dem antiken Kymi. Die Einwohner von Kymi wurden durch den Erfolg ihrer ersten Reise ermuntert und fragten die Priesterin Pythia im heiligen Tempel von Delphi um Rat, ob sie noch einmal eine weite Reise wagen sollten und wie die Götter, vor allem die acht Götter der Winde, dazu standen. Die Priesterin Pythia segnete in der antiken Zeit die Aussiedler und nannte ihnen das Ziel ihrer Reise (sie war sozusagen eine Vorseherin, aber auch eine Art Auswandererzentrale), denn die neuen griechischen Kolonien bedeuteten für die griechischen Städte regen Handel und Prosperität. Die Kymäer fuhren also dieses Mal in Richtung Süditalien, in die Campania, und gründeten dort Cuma, einen Ort südlich von Neapel, der heute Bacoli heißt. Bacoli und Kymi haben sich vor einigen Jahren als Schwesterstädte verbunden, um den kulturellen Austausch zu fördern, was aber leider nur zögerlich klappt.

Inzwischen sitze ich oft mit meiner Tante Iphigenia auf dem gleichen Felsen, auf dem sie und meine Mutter damals saßen und von fernen Ländern träumten, und wir denken über die Geschicke des Lebens nach und darüber, dass unsere Familie heute auch über die Türkei, Griechenland und Italien verstreut ist, genau wie die Kymäer in der Antike.

Mein Haus hat eine große Küche mit Kamin und Stube und dort spielt sich im Sommer alles ab. Ich sitze meistens in einer Ecke und tippe auf meinem Laptop, Tante Iphigenia schält Kartoffeln, Onkel Yusuf repariert draußen im Innenhof den Wasserhahn und Onkel Theofilos sitzt entweder im Kafenio, dem traditionellen Kaffeehaus, auf dem Hauptplatz, oder er schlägt auf dem langen Tisch in unserem Garten die Lammkoteletts platt und wirft den Grill an. »Pass auf deinen Schnurrbart auf!«, schreit Tante Ourania dann jedes Mal. Der Schnurrbart meines Onkels ist nämlich zurzeit sehr buschig, wie immer im Sommer. Denn da lebt er wie ein Wilder und lässt sich nicht so einfach von Tante Ourania Schnurrbart und Haare stutzen. Danach wird der Tisch im Freien gedeckt und ich bringe die Vorspeisenplatten, den großen Salat – meistens griechischen Bauernsalat mit Tomaten, Gurken, Feta, Oliven und Kapern – und einen kleinen Teller mit Zitronenhälften nach draußen. »Ihr könnt kommen!«, rufe ich dann laut und klatsche in die Hände, damit alle Platz nehmen. Tante Iphigenia bringt noch einen großen Teller mit den fertigen, heißen Patates, den gebratenen Kartoffeln, aus der Küche, und Onkel Theofilos verteilt die gegrillten Lammkotelettchen.

Mit gegrilltem Lamm, Zaziki, Bauernsalat und Pommes frites, dem Baden im Meer und abendlichem Wandern vergehen die Sommerwochen sehr schnell. Die erholsame Zeit ist vorbei, die Tage werden kürzer, die Abenddämmerung beginnt jeden Tag ein wenig früher und wir bereiten uns auf die Rückkehr vor. Onkel Theofilos und Tante Ourania werden mit dem Auto zurückfahren, also mit der Fähre von Patras nach Ancona und dann über die Autobahn nach

Nürnberg. Tante Iphigenia und Onkel Yusuf fliegen mit mir von Athen nach München, wo sie ihr Auto geparkt haben, und fahren dann weiter nach Venedig. Aber vielleicht bleiben sie auch noch ein paar Tage bei mir in München.

Bevor es zum Flughafen geht – Onkel Theofilos hat darauf bestanden, uns hinzubringen – schlendert Tante Iphigenia nach dem Frühstück singend umher. Schon da schwant mir etwas. Und tatsächlich: Sie ist noch rasch einkaufen gegangen.
»Tante, was hast du denn jetzt noch gekauft?«, frage ich sie. »Am Nachmittag fliegen wir doch zurück!«
»Ja, ja, schon«, sagt sie, »aber es gibt hier einige Sachen, die ich unbedingt mitnehmen will.«
»Kann man die denn in München nicht kaufen?«
»Das glaube ich kaum. Den griechischen Bergtee zum Beispiel oder auch manche Gewürze bekommt man da bestimmt nicht!«, trällert sie und verschwindet – schon wieder singend – für längere Zeit in ihrem Zimmer, um die Koffer zu packen.
Dann geht sie mit Onkel Theofilos zu seinem Auto und verstaut hinten zwischen dem Gepäck – na klar, die Gläser mit der selbst gemachten Feigen- und Aprikosenmarmelade, die getrockneten Tomaten und die frischen Früchte, und nicht zuletzt die verschiedenen Kräuter und Gewürze, darunter auch den Oregano, den Rosmarin und den Salbei, die wir bei unseren langen Spaziergängen in den Bergen gesammelt haben. Schließlich nimmt Tante Iphigenia Onkel Theofilos das Versprechen ab, dass er auf seinem Weg nach Nürnberg bei mir in München vorbeifahren wird, um die wertvollen Gläser auszuladen.

Als sie ihren Koffer zum Auto rollt, wundere ich mich, wie dick er ist. »Einige Sachen werde ich für das Abendessen in München brauchen«, erklärt sie mir.

»Und du meinst, das alles wird sicher ankommen?«, frage ich ungläubig.

»Absolut!«, erwidert Tante Iphigenia und geht fröhlich singend zu Onkel Yusuf, um ihm beim Packen zu helfen – und dabei wahrscheinlich auch irgendetwas zwischen seiner Wäsche zu vergraben. »Hast du Steine in meinen Koffer gepackt?«, fragt er, als wir am Flughafen angekommen sind. Sie antwortet nicht und summt nur leise vor sich hin. Beim Check-in und bei der Gepäckkontrolle strahlt sie singend die Beamten an und diese lachen vergnügt zurück.

»Hast du gesehen?«, dreht sie sich zu mir. »Singen macht gute Laune und hilft gegen Stress, vor allem Reisestress!«

Onkel Yusuf lächelt nur und verdreht die Augen. Er kennt seine Frau.

Beim Auspacken in München kommen die großen prallen Fleischtomaten unserer Nachbarin in Kymi aus Tante Iphigenias Handgepäck hervor. Weiß der Kuckuck, wie sie die durch die Kontrolle geschmuggelt hat. Singend eben. Dann holt sie aus ihren Kleidern acht Auberginen, zehn Zucchini, einen Bund Petersilie, Oliven in Plastikverpackung und ganz zum Schluss – eine große Packung tiefgekühlte Tintenfische!

»Tante, hast du etwa Calamari aus Griechenland mitgenommen?«

»Warum nicht? Eine kleine Erinnerung an unsere Abende am Meer. Frisch wären sie natürlich besser, aber vielleicht tun es auch die tiefgekühlten!«

Am nächsten Tag bereitet Tante Iphigenia die Auberginen zu und erzählt währenddessen Auberginengeschichten: »In Italien kocht man seit dem vierzehnten Jahrhundert mit Auberginen! Wegen ihres bitteren Geschmacks hat man sie am Anfang nur als Zierpflanzen benutzt. Wenn man sie aber schneidet, salzt, mit einem schweren Teller presst und liegen lässt, schwitzen sie ihre Bitterstoffe aus. Die heutigen Sorten sind sowieso viel milder.«

Onkel Yusuf und ich sitzen am Küchentisch und hören ihr zu. Tante Iphigenia serviert die fertigen Auberginen und wirft die in Mehl gewendeten Calamari in die Pfanne. »Fangt ruhig schon an!«, sagt meine Tante und wir beginnen mit den gefüllten Auberginen. Sie schmecken himmlisch! Ich möchte immer weiteressen. Dann stellt Tante Iphigenia eine große Platte mit frittierten Calamari in die Mitte des Tisches und setzt sich zu uns. Die Calamari duften, heiß wie sie sind, und sehen wunderbar knusprig aus. Onkel Yusuf und ich piksen ungeduldig zwei, drei mit der Gabel auf und legen sie auf unsere Teller. Ich versuche sie mit Messer und Gabel zu schneiden, aber ich merke gleich, dass das ein mühsames Unterfangen wird. Onkel Yusuf will einen Arm seines Tintenfischs mit den Zähnen durchtrennen. Dabei zieht er so ungeduldig mit der Gabel daran, dass plötzlich ein anderer Arm in hohem Bogen durch die Luft fliegt. Platsch!, landet er in der vollen Wasserkaraffe. »Na bitte«, sagt Onkel Yusuf, »unser Kalmar hat wieder das Wasser gesucht und ist jetzt ganz in seinem Element! Und was haben wir nun daraus gelernt? Nie wieder tiefgefrorene Calamari frittieren! Und warum sollten wir auch Calamari wollen, wenn wir deine griechischen Auberginen haben, meine liebe Iphigenia? Sie zergehen auf der Zunge – und sind garantiert pannensicher!«

GEFÜLLTE AUBERGINEN

Zutaten:
6 bauchige, nicht zu große Auberginen • Salz • 2 Zucchini • 150 ml Olivenöl • 4 große Zwiebeln, in Scheiben • 4 Knoblauchzehen, in Scheiben • 150 g frische Tomatenwürfel oder auch aus der Dose • 3 EL fein gehackte Petersilie • Pfeffer

Zubereitung:
Die Auberginen der Länge nach aufschneiden, mehrmals leicht einschneiden, salzen und 1 bis 2 Stunden zugedeckt und wenn möglich gepresst stehen lassen. Dabei schwitzt die Frucht Wasser und Bitterstoffe aus. In der Zwischenzeit die Zucchini in 2 cm dicke Ringe schneiden, stehen lassen. Die Auberginen ausspülen und mit der Hand quetschen, damit das Wasser herauskommt. Trocken tupfen, in einer tiefen Pfanne mit heißem Öl von allen Seiten leicht anbraten und dann mit der flachen Seite nach oben auf ein Backblech legen. Öl in einen Topf geben, Zwiebel- und Knoblauchscheiben braten, Tomatenwürfel, Petersilie, Salz und Pfeffer hinzugeben und ca. 10 Minuten zusammen kochen, bis die Mischung eingedickt ist.

Mit einem Löffel die Auberginenhälfte etwas eindrücken, damit etwas Platz für die Füllung entsteht. Mit der Zwiebel-Knoblauch-Tomaten-Mischung füllen. Die Zucchinischeiben auf dem Backblech zwischen den Auberginen verteilen, die Tomatensoße, die im Topf übrig geblieben ist, drübergeben, pfeffern und ca. 30 Minuten bis 1 Stunde bei 180° C backen lassen.

Dieses Gericht kann man im Hochsommer auch kalt genießen.

KLICK UND DAS MÄCHTIGE WORT

Vier Tage nach ihrer Ankunft in München sind Tante Iphigenia und Onkel Yusuf etwas ungeduldig. Sie wollen sich auf die Heimreise machen, aber Onkel Theofilos, auf den sie noch warten, scheint sich mit der Rückkehr Zeit zu lassen. »Vielleicht machen Theofilos und Ourania eine längere Pause in Bologna oder sie sind nach Florenz gefahren. Lass uns gegen Mittag nach Venedig aufbrechen!«, schlägt Onkel Yusuf vor. »Aber vorher machen wir zum Abschied noch eine Sektflasche auf«, erwidert meine Tante und holt diese gleich aus dem Kühlschrank. Als wir uns an den Tisch setzen, um zu frühstücken, und gerade unsere Sektgläser heben, klingelt es. Vor meiner Tür stehen Tante Ourania, Onkel Theofilos und Tante Afroditi! Sie haben sich in Athen getroffen, wo Tante Afroditi nach einem langen Inselhopping gerade wieder angekommen war. Dann sind sie zusammen nach Patras und weiter nach München gefahren. Nach den ersten Umarmungen bekommen alle drei ebenfalls ein Sektglas in die Hand gedrückt und ein eigenes Gedeck.

Onkel Theofilos erklärt mir: »Wir dachten, es wäre schön, wenn wir uns alle noch einmal sehen und gemeinsam essen.«

»Wir bleiben nur eine Nacht«, ergänzt Tante Ourania. »Morgen bringen wir Afroditi zum Flughafen, damit sie ihren Flug nach Andalusien nicht verpasst, und wir … wir fahren dann weiter nach Nürnberg.«

»Gut, dass Yusuf und ich unsere Abreise immer wieder hinausgeschoben haben!«, ruft Tante Iphigenia. »Sonst hätten wir euch gar nicht mehr gesehen! Das muss mit einem guten Essen und vor allem mit gutem Wein gefeiert werden. Also, Ourania, Afroditi, ab in die Küche!«

»Moment mal, erst müssen wir überlegen, was wir überhaupt kochen wollen«, gibt Afroditi zu bedenken, während sich die Männer bereits auf dem Sofa zurücklehnen, um in Ruhe die Politik der griechischen Parteien und die Situation im Libanon zu erörtern.

»Wir haben Manouri aus Griechenland mitgebracht«, sagt Tante Ourania, »diesen milden Frischkäse, der wie italienischer Ricotta schmeckt. Man kann ihn mit etwas Quark, gebratenem Lauch, Schnittlauch, grünem Pfeffer und Paprikapulver verrühren und mit getrockneten Tomaten und Oliven auf Brötchen servieren.«

»Perfekt!«, ruft Tante Afroditi. »Ich übernehme die Hauptspeise. Was haltet ihr von Lammbraten mit Knoblauch und Kartoffeln im Backofen?«

»Gute Idee, das wird unsere Männer glücklich machen«, meint Tante Iphigenia. »Sie lieben ja deinen Lammbraten. Ich kümmere mich dann um den Salat und die Nachspeise, eine leichte Creme mit Honig, zerdrückten Walnüssen und klein geschnittenen Pfirsichen – fertig!«

»Zum Lamm können wir einen sehr guten trockenen Rotwein trinken, den ich bei einem Bauern gekauft habe«, mischt sich nun auch Onkel Theofilos ins Gespräch ein. Die Männer scheinen also doch zugehört zu haben – immerhin geht es hier ja auch um ihr leibliches Wohl!

»Wie wäre es mit einem Honigschnaps als Digestif, einem Rakomelo? Genau das Richtige, um ein besonderes Essen abzuschließen.«

»Und ich beginne gleich mal mit dem Ouzo«, fügt Onkel Yusuf hinzu.

Er schenkt uns ein, erhebt sein Glas und sagt feierlich: »Es war ein wunderschöner Sommer mit euch! Kymi ist wirklich ein magischer Ort – da sollten wir im Sommer öfters zusammen hinfahren.«

Onkel Theofilos schlägt vor, uns die Urlaubsfotos auf seinem Laptop zu zeigen. »Nein!«, schreit Tante Ourania sofort auf, und »bitte nicht!« ruft nun auch Tante Iphigenia.

»Wir machen jetzt mal die Küchentür zu und bereiten das Essen vor, und ihr könnt eure Geschichten erzählen!« Die Männer schauen verdutzt erst uns, dann einander an und ziehen wieder in Richtung Sofa.

Kaum sind sie weg, fragen mich meine drei Tanten: »Also, liebe Eleana, wie geht es dir mit den Männern?«

»Wieso denn mit den Männern?«, frage ich.

»Na ja, was ist denn aus deiner Beziehung mit diesem Harald geworden?«

»Ach so, der … Eigentlich mochte ich ihn ganz gerne, aber er war mir zu … ich weiß nicht … zu ehrlich, zu langsam und zu … ach, ich weiß nicht!«

»Zu ehrlich? Zu langsam? Sind das etwa Gründe, sich von jemandem zu trennen?«, fragt Tante Ourania entsetzt.

»Ihr versteht das nicht!«

»Doch, wir verstehen das schon. Ein zarter deutscher Mann ist dir zu langsam. Der andere zu schnell, der Dritte hat keine Manieren und der Vierte ist dir zu sehr Softi. Willst du lieber einen Griechen, der ständig Macho spielt und ein Angeber ist?«, fragt Tante Iphigenia.

»Nein, bloß nicht! So einen hatte ich erst vor Kurzem. Michalis, Fotograf, also ein Künstler …«

Tante Afroditi unterbricht mich lautstark: »Ach du meine Güte! Ich sage euch, die Kombination mediterran und Künstler ist tödlich. Aber erzähl weiter.«

»Michalis also, sportlich, drahtig und gut aussehend, hielt sich für einen gefühlvollen und leidenschaftlichen Griechen. Er hat von Anfang an behauptet, ich hätte mich von der deutschen Mentalität anstecken lassen. ›Du drückst zu oft auf den Kontrollknopf‹, sagte er. Beim zweiten Rendezvous meinte er dann, eine Griechin gestehe ohne Wenn und Aber ihre Liebe und ihr Verlangen. Aber ich spürte weder das eine noch das andere. Ich sagte ihm also, dass ich Zeit brauche. Und ich war überzeugt, mit Deutschland hatte das nichts zu tun.«

»Du hast völlig recht!«, bestärkt mich Tante Iphigenia. »So ein Idiot. Liebe kann man nicht mit Drängen heraufbeschwören!«

»Iphigenia, lass sie mal weitererzählen. Immer passiert etwas und nie ist sie mit den Männern zufrieden. Das kann doch nicht sein!«, sagt Tante Ourania.

»Na ja, beim dritten Rendezvous waren wir im Englischen Garten spazieren. Michalis hatte seinen Fotoapparat dabei.

Wir lagen im Gras, hinter uns der Monopteros, vor uns die Silhouette der Stadt in weichen Farben. Wir wechselten halbe Blicke, gaben uns halbe Küsse und das war schön.«

»Das kommt mir bekannt vor!«, ruft Tante Afroditi, die in Sachen Liebe mit Künstlern erfahren ist.

»Dann machte er plötzlich alles kaputt. ›Es muss langsam ein Wort gesagt werden‹, sagte er bestimmend. ›Was für ein Wort bitte schön?‹, fragte ich. ›Na ja, dieses eine, mächtige Wort‹, sagte er, und dann, klick, klick … ›Ich liebe dich‹, sagte er.«

»Oh, wie romantisch! Da hat er aber recht gehabt. Wieso hast du denn so lange gewartet, bis du ›Ich liebe dich‹ sagst?«, fragt Tante Ourania.

»Ich steckte meinen Kopf an seine Schulter, um an ihm zu schnuppern. Er duftete nach … gerösteter Aubergine und Piniennadeln. Das gefiel mir und da sagte ich, ›Ich hab dich sehr lieb‹. Das reichte ihm aber nicht. Er war unzufrieden. ›Das war ja nur ein Halbklick‹, sagte er. Daraufhin verschloss ich beleidigt den Mund. ›Es ist eine Sache der Hingabe‹, sagte er dann beim vierten Rendezvous. ›Hingabe?‹, fragte ich. Und irgendwie ahnte ich, dass es ihm um Macht ging: Er wollte, dass ich meine Gefühle einfach ausspreche und mich ihm hingebe. ›Damit wir uns gut fühlen, du Dummerchen‹, sagte er. Das ›Dummerchen‹ wirkte vernichtend. Es warf mich Jahrzehnte zurück zu einer matronenhaften Grundschullehrerin, die uns dumme Hühner nannte. Da bin ich einfach weggegangen. Es reichte mir endgültig! Mit seinem Drängen hat er alles kaputt gemacht.«

Meine Tanten schütteln die Köpfe und sagen nichts mehr. Sie sind überwältigt. Nur Tante Ourania schreit auf einmal: »Der Lammbraten wird schwarz!«

LAMMBRATEN AUS DEM OFEN

Zutaten:
1 Lammschlegel (ohne Knochen und fette Stellen, ca. 1,5 kg) • 3 Knoblauchzehen • Olivenöl • 1 kg Kartoffeln • 2 Zitronen • Salz, Pfeffer • frischer Rosmarin • getrockneter Oregano

Zubereitung:
Den Lammschlegel waschen, abtrocknen, auf ein Backblech legen. Das Fleisch salzen und pfeffern, die Knoblauchzehen in Scheiben schneiden und in verschiedene Ritzen des Fleisches stecken, etwas Wasser und Olivenöl dazugeben und das Blech für etwa 30 Minuten bei 200° C in den vorgeheizten Backofen schieben. Die Kartoffeln schälen und vierteln oder, wenn sie klein und rund sind, ganz lassen. Die Zitronen auspressen. Nach ½ Stunde den Backofen öffnen, die Kartoffeln neben dem Fleisch verteilen, salzen, pfeffern, den Saft einer Zitrone darübergießen, eventuell noch etwas Wasser dazugeben, den frischen Rosmarin und etwas Oregano drüberstreuen. Die Temperatur auf 130° C reduzieren und weitere 50 Minuten garen lassen. Zwischendurch etwas Zitrone, Wasser und Olivenöl darübergeben. Die Kartoffeln wenden, damit sie nicht zu trocken werden.

MEINE GLÜCKLICHMACHER

Am nächsten Morgen, als sie alle weg sind, räume ich auf und schaue mich bald untätig um. Die Wohnung kommt mir auf einmal unerträglich ruhig und leer vor. Eine leichte Melancholie beschleicht mich. Schuld daran ist auch das nasse und kalte Wetter. Jetzt bin ich allein zu Hause, sie sind alle abgereist – die einen nach Venedig, die anderen nach Nürnberg und Tante Afroditi nach Andalusien.

Eigentlich ist es viel zu kalt für die Jahreszeit, aber ich weigere mich, die Heizung anzumachen und Strümpfe anzuziehen. Jetzt schon? Auf gar keinen Fall – eben war doch noch Sommer! Nach einigem Hin und Her entscheide ich mich dafür, etwas gegen die Herbstmelancholie zu unternehmen: Kochen – was sonst? Kochen macht aktiv und Essen glücklich. Das wiederholen meine Tanten doch ständig.

Einige Speisen machen mich besonders glücklich. Spaghetti Carbonara zum Beispiel, weiches Rindfleisch mit Kartoffelpüree oder Risotto Milanese. Oder die leichte Variation eines Moussaka-Turms, so wie ihn Tante Afroditi in ihrem Lokal in Cazorla anbietet. Was soll ich also kochen? Hm … ich glaube, ich gehe erst einmal einkaufen. Im Laden wird mir schon etwas einfallen.

Als ich die Einkaufstasche holen will, ist sie schwerer als sonst. »Eine Flasche exzellenten Weines von mir …«, schreibt Onkel Yusuf auf der Karte, die ich darin finde, »… und ein interessantes Buch von mir«, hat Onkel Theofilos hinzugefügt. Und wieder Onkel Yusuf: »Wir haben in diesem Sommer auf unseren Wanderungen viele besondere Weine kennengelernt. ›Mazedonische Weinstraßen – Ein Führer zu den Weinstraßen Nordgriechenlands‹, von Eberhard Rondholz, ist eines der besten Bücher über griechische Weine, die wir gelesen haben. Also genieße beides, viel Spaß und guten Appetit! Yusuf und Theofilos.«

Was für eine Überraschung! Ich freue mich sehr – und plötzlich weiß ich auch, was ich kochen werde: Humus! Jawohl, Humus. Eine arabische Vorspeise und eine Spezialität, die mein libanesischer Onkel Yusuf sehr gerne und zu fast allem isst. Ich werde also seinen guten Rotwein trinken und dazu meinen köstlichen Humus essen. Ich könnte auch eine gute würzige Wurst dazu nehmen, die türkische Suzuk. Sie ist dunkelbraun und hart – eine trockene Rohwurst aus Rindfleisch mit vielen erlesenen Gewürzen. Beim türkischen Händler werde ich auch Tahin, eine Sesampaste, und kleine feine Fladenbrote kaufen. Humus ohne Tahin ist kein Humus.

Aber ich muss erst einmal erklären, was Humus eigentlich ist: pürierte Kichererbsen mit Tahin, Zitrone und Knoblauch. Das Tahin wiederum kann man mit allem Möglichen kombinieren, mit Auberginen, Knoblauch und Zitrone oder auch mit Honig als Brotaufstrich. Ha, mein Abend ist gerettet!

Da ich Hunger und keine Zeit mehr habe, die Kichererbsen in Wasser einzuweichen, kaufe ich sie fertig gekocht in der Dose. Geschmacklich macht das keinen großen Unterschied. Ich richte den fertigen, noch lauwarmen Humus auf einem Teller an und gebe gehackte Petersilie, geröstete Pinienkerne und Suzukwurstscheiben dazu. Dann hole ich die warmen Fladenbrote aus dem Backofen und gieße mir ein Glas von Onkel Yusufs aromatischem Wein ein.

In Rondholz' Buch lese ich Wissenswertes über die verschiedenen Weinsorten Nordgriechenlands und ihre Geschichte. Über sie hat schon Homer geschrieben. Ich tunke mein Fladenbrot in den Humus und beiße hinein. Mmh, sehr geschmackvoll, die gerösteten Pinienkerne und die Petersilie sind eine himmlische Kombination. Wenn man dabei nicht glücklich wird, wann dann? »Mit Schokolade oder Honig!«, höre ich in meiner Phantasie schon die Stimme meiner Honignudel-Tante Ourania. Sie liebt Schokolade über alles und isst fast jeden Abend ein großes Stück. Dann sagt sie am nächsten Tag: »Ich verstehe gar nicht, warum ich nicht abnehme. Ich hab doch gestern überhaupt nichts gegessen!« Aber auch Humus macht dick. Also gut, sage ich mir, ich tunke mein Brot nur noch zwei Mal ein. Dann mache ich Schluss. Versprochen!

HUMUS

Zutaten:
500 g Kichererbsen • 1 EL Natron • 3 Knoblauchzehen •
2 EL Tahin • Saft von 2 Zitronen • Salz, Pfeffer •
½ TL scharfes Paprikapulver • 60 g Pinienkerne •
1 türkische Suzukwurst, fein geschnitten • etwas Olivenöl • 3 EL fein gehackte Petersilie

Zubereitung:

Die Kichererbsen über Nacht in lauwarmem Wasser stehen lassen. Am nächsten Tag das Wasser abgießen, die Kichererbsen abspülen und mit frischem Wasser wieder in den Topf geben. 1 EL Natron dazugeben, 1 Stunde stehen lassen und dann gut ausspülen (zwei, drei Mal). Wenn es schnell gehen muss, kann man auch fertige Kichererbsen aus der Dose kaufen (in jeder größeren Lebensmittelabteilung oder im türkischen Feinkostladen). Die Kichererbsen in frischem Wasser kurz aufkochen und bei mittlerer Hitze in ca. 1 ½ Stunden weich werden lassen (15 Minuten im Schnellkochtopf). Das Wasser in ein Gefäß abgießen und beiseitestellen.

Die Kichererbsen mit den Knoblauchzehen im Mixer pürieren. Langsam das Tahin und den Zitronensaft dazugeben, mit Salz, Pfeffer und Paprikapulver würzen. Falls die Masse zu trocken ist, etwas vom Kochwasser hinzufügen. Es muss eine geschmeidige Creme entstehen. Die Pinienkerne in einer Pfanne rösten. Die fein geschnittenen Suzukscheiben kurz anbraten und dekorativ am Tellerrand arrangieren. Die Humuspaste wird mit den gerösteten Pinienkernen, etwas Olivenöl und der fein gehackten Petersilie warm oder kalt serviert.

TANTE PINELOPI GEHT UNTER DIE GESCHÄFTSLEUTE

Ich habe »wie ein Vögelchen« geschlafen – eine alte byzantinische Redewendung. Der Humus und der Wein waren genau das Richtige für mein Gemüt und einen guten Schlaf. Geweckt hat mich das Telefon: Tante Pinelopi aus Korfu.

»Na, wie geht es dir?«, fragt sie geschäftig und noch bevor ich antworten kann, fährt sie – typisch Tante Pinelopi – im selben Atemzug fort: »Liebe Eleana, ich habe da eine tolle Idee für eine wunderbare Sache, die uns auch noch Geld bringen wird.«

»Ach ja? Hat sich etwa wieder dein Unternehmergeist durchgesetzt? Was ist das denn für eine Idee?«

»Eine Idee, die man den Reisebüros in München unterbreiten könnte.«

»Und die wäre?«

»Ausflüge nach Korfu, um – Ambrosia zu sammeln. Die Leibspeise der Götter des Olymps.«

Ich lache laut auf: »Und du willst jetzt plötzlich mit deutschen Touristen nach dieser legendären Götternahrung suchen?«

»Hör auf, dich über mich lustig zu machen! Wusstest du, dass Ambrosia höchstwahrscheinlich ein Pilz war? Wir beide werden also Ausflüge für Pilzsammler organisieren. Wie findest du das?«

Ich schlucke. »Na ja ... ich meine ... wo sollen sie denn dort Pilze finden?«

»Du hast ja keine Ahnung, meine Liebe! Der ganze Pantokratorberg ist voll davon.«

»Pantokrator? Tante, die eine Hälfte des Berges ist völlig abgebrannt! Und die andere Hälfte ist einfach zu trocken. Wo sollen denn da Pilze wachsen?«

»Spiel jetzt bloß nicht die Besserwisserin! Vergiss nicht, dass Onkel Manfred und ich hier auf Korfu leben.«

»Schon gut, ich streiche die Segel. Aber ich habe noch nie von Pilzen in Griechenland gehört.«

»Tja, und dabei waren die Pilze bereits in der Antike bekannt und begehrt. Die Lieblingsspeise der Götter war ein Pilz mit halluzinogenen Eigenschaften, der *Amanita muscaria* hieß. Die Griechen damals glaubten, dass er magische Kräfte verleihe. Diese und andere Pilze aßen auch die Satyrn und Kentauren bei den zügellosen Festen zu Ehren des Gottes Dionysos – und schwebten damit im siebten Himmel.«

»Du willst doch nicht etwa solche Pilzfeste mit deinen Besuchern veranstalten, oder?«

»Ich möchte sie einfach in die Kunst des Sammelns einweihen. Der Oktober ist ein herrlicher Monat für Spaziergänge. Korfu hat unzählige sattgrüne Wiesen und Olivenbaumhaine in luftiger Höhe und überall kann man *Boletus edulis*, *Cantharellus cibarius* und *Amanita Caesarea* antreffen.«

»Sind das römische Soldaten?«

»Nein, das sind berühmte Waldbewohner, die man hier

vor allem im Oktober findet. Ihre bürgerlichen Namen lauten Pfifferling, Steinpilz und Kaiserling.«

»Tante Pinelopi, die deutschen Wälder sind zu dieser Zeit voll mit diesen Pilzen.«

»Ja, ja, das weiß ich schon, aber hast du jemals Pilze im Wald gesammelt und dabei die schöne Aussicht aufs blaue Meer genossen? Und bist du danach innerhalb einer halben Stunde auch noch im Meer baden gewesen? Das ist ein einzigartiges Erlebnis! Diese mediterranen Pilze sind besonders aromatisch, vor allem, wenn man sie nach griechischer Art zubereitet.«

»Sag bloß, Pilze nach griechischer Art? Was ist das denn?«

»Etwas ganz Besonderes – und dabei so einfach! Man hat schon in der Antike Champignons mit verschiedenen Füllungen zubereitet, mit Hackfleisch, Kräutern und Frischkäse – sie schmecken einfach himmlisch! Dabei kann man seiner Phantasie völlig freien Lauf lassen, also genau das Richtige für uns! Austernpilze und Parasolpilze zum Beispiel kann man auf Kohlen grillen, so wie es die Griechen mit ihren Lammkoteletts machen. Dazu brauchen wir nur ein aromatisches Öl, das kann man sogar selbst herstellen … Also was ist? Machen wir gemeinsam das Geschäft? Unser Werbeslogan könnte lauten: ›Herbstliches Event: Mediterrane Pilze auf Korfu sammeln!‹ Übrigens, Manfred und ich überlegen gerade, ob wir bald nach München kommen sollen, zum Oktoberfest. Was sagst du dazu?«

»Das würde mich wirklich sehr freuen. Ihr seid bei mir immer willkommen, das weißt du doch! Eine sehr gute Idee, die gefüllten Pilze! Ich glaube, die mache ich mir heute Abend! Zum Glück muss ich dafür nicht erst nach Korfu!«

»Ich warte aber immer noch darauf, dass du mir sagst, wie du mein Projekt mit den Pilzen findest.«

»Liebe Tante, da ich nicht so viel Ahnung von Pilzen habe, kann ich dir keinen Rat geben. Aber der Satz ›Ambrosia, die Götterspeise, waren mediterrane Pilze!‹ macht schon was her. Vielleicht versuchst du es erst einmal, und wenn du Erfolg hast, komme ich für zwei Monate nach Korfu und helfe dir. Übrigens, wenn ihr zum Oktoberfest kommt, bringt doch ein paar getrocknete Korfu-Pilze mit!«

Ein paar Tage später rufe ich meine Tante an. »Und? Macht dein Pilzprojekt Fortschritte, liebe Tante?«

»Gut, dass du anrufst! Zuerst muss ich dir sagen, dass aus unserer Reise nach München doch nichts wird, weil uns mein Bruder Menelaos besucht. Danach hat er übrigens vor, zu dir nach München zu kommen!«

»Nein! Tante, tu mir das bitte nicht an! Ich habe zurzeit so viel zu tun, ich kann mich nicht auch noch um Onkel Menelaos kümmern.«

»Beruhige dich, Iphigenia kommt aus Venedig, um dich zu unterstützen.«

»Okay, das klingt besser. Und jetzt zu deinen Pilzen.«

»Ja, also stell dir vor, ich habe letztes Wochenende eine Präsentation unserer heimischen Pilze im Foyer eines zentralen Hotels organisiert. Der Andrang der Touristen, vor allem der deutschen, die wissen wollten, wo die besten Pilzplätze sind, war so groß, dass ich auf einmal Angst bekommen habe.«

»Wieso Angst? Ich dachte, du wolltest solche Pilzsammlerausflüge machen.«

»Ja, schon, aber du hättest sehen sollen, wie die deutschen Touristen über mich hergefallen sind. Ich glaube, achtzig

Prozent der deutschen Nation sind von einer Pilzsammelmanie befallen. Das sind alles Pilzfanatiker! Schließlich habe ich sie aber ganz dezent abgewimmelt, die meisten habe ich einfach auf die andere Seite der Insel geschickt, wo sie gar nichts finden werden, hahaha! Aber weißt du, was mir noch passiert ist? Am nächsten Tag, als ich im Wald spazieren gegangen bin, ist mir prompt ein deutsches Ehepaar begegnet. ›Ist hier der Ort, wo Sie die Pilze finden?‹, fragten sie mich. Die haben mich bestimmt beobachtet und sind mir nachgegangen! Also, liebe Eleana, das Geschäft mit den Pilzen habe ich erst mal vertagt. Sonst werden wir hier noch eine Naturkatastrophe erleben!«

GEFÜLLTE PILZE

ZUTATEN:
24 mittelgroße Pilze (große Champignons) • 1 klein gehackte Zwiebel • 2 klein gehackte Knoblauchzehen • 3 EL Butter • 250 g Kalbshackfleisch, zweimal durch den Fleischwolf gedreht • 2 EL fein gehackte Petersilie • Salz, Pfeffer • 4 EL geriebener Parmesan

ZUBEREITUNG:
Den Backofen auf 200° C vorheizen und ein großes Blech mit Öl einfetten. Die Stiele der Pilze herausdrehen und klein hacken. Die klein gehackte Zwiebel und den Knoblauch 5 Minuten auf mittlerer Flamme in Butter anbraten

und die Stiele dazugeben. Das Hackfleisch hinzufügen, 10 Minuten auf mittlerer Flamme garen lassen. Petersilie, Salz und Pfeffer untermischen. Die Hüte der Pilze so füllen, dass kleine Hügel entstehen. Auf das Blech setzen, den Parmesan darüberstreuen und ½ Stunde im Ofen backen. Heiß servieren.

ONKEL MENELAOS UND DER SÜSSSAURE GESCHMACK

Onkel Menelaos ist tatsächlich in München angekommen. Ich muss zugeben, dass ich mich nicht besonders freue, aber nach der Vorwarnung von Tante Pinelopi bin ich zum Glück vorbereitet. Und Tante Iphigenia ist wahrhaftig extra aus Venedig angereist, um mich zu unterstützen. Tante Pinelopi, die ihren Bruder nicht einen Moment erträgt, hat ihre Cousine angerufen, da sie eine Katastrophe befürchtet, wenn ich Onkel Menelaos alleine ausgeliefert wäre.

»Mach dir keine Sorgen, wir nehmen alle seine Marotten mit Humor«, muntert mich Tante Iphigenia auf. Während meine Tante stets sanft und natürlich ist, verhält sich ihr Cousin Menelaos stur und eigensinnig. Sein mürrisches und bestimmendes Wesen habe ich noch nie gut ertragen können.

Onkel Menelaos ist also extra aus Athen nach München gekommen, nicht, weil er Sehnsucht nach mir hat, und auch nicht, weil er die Museen Münchens besichtigen möchte. Nein, Onkel Menelaos ist nach München gekommen, um einen neuen BMW zu kaufen.

»Onkel Menelaos, weißt du eigentlich, dass Griechenland in der EU ist? Und dass man in Athen auch BMWs kaufen kann?«

»Ja, ja, schon! Aber die in München sind besser, so etwas bekommt man nicht in Athen. Und die Preise sind hier viel niedriger!«

Na ja, mein Onkel lebt immer noch in den Siebzigerjahren, als die Griechen nach Deutschland kamen, um billigere Autos und Baumaschinen zu kaufen. Ich bemühe mich, nur die guten Seiten meines Onkels wahrzunehmen. Ja, gute Seiten hat er auch. Er ist zum Beispiel sehr großzügig – und ein Gourmet! Daher verzeihe ich ihm alle seine Marotten.

Nach seiner Ankunft möchte Onkel Menelaos uns zum Essen ausführen. Tante Iphigenia und ich suchen ein gutes chinesisches Restaurant aus – er will bestimmt kein griechisches Essen, sondern mal etwas anderes erleben. Aber das Abendessen ist ein totales Desaster. Onkel Menelaos rührt nichts an und beklagt sich nur ständig über den süßlichen exotischen Schmarrn, wie er das nennt. »Die griechische Küche ist doch die beste! Eine Küche mit uralter Tradition, ohne diesen ganzen Schnickschnack wie Früchte, Sahnesoßen und dieses süßsaure Zeug!«

»Onkel«, widerspreche ich, »die Chinesen nehmen keine Sahne für ihre Speisen, nicht einmal Kuhmilch – nur Kokosmilch.«

»Und wenn schon, das interessiert mich doch gar nicht!«, ruft Onkel Menelaos. »Die chinesische Küche ist in Mode, aber wenn ihr mich fragt: Keine Küche der Welt kann neben unserer mediterranen bestehen! Die griechische Küche hat diesen blödsinnigen süßsauren Geschmackskram nicht! Schluss, aus!«

»Lieber Menelaos, du brauchst hier nichts zu essen«, unterbricht ihn Tante Iphigenia sanft. »Ich mache dir zu Hause ein Omelett.«

Am nächsten Morgen will Tante Iphigenia ganz früh auf den Markt. Sie lächelt geheimnisvoll und verabschiedet sich mit den Worten: »Zum Mittagessen werde ich euch eine ganz traditionelle griechische Speise und davor eine Saisonsuppe zubereiten.«

Bald darauf kommt sie zurück und hat Schweinefleisch, Zwiebeln, getrocknete Pflaumen, Maronen und Quitten gekauft. Während sie in der Küche mit Messern und Töpfen hantiert, liest Onkel Menelaos eine griechische Zeitung, die ihm meine Tante vom Bahnhof mitgebracht hat.

»Menelaos«, ruft sie lächelnd, als sie fast fertig ist, »ich habe dir jetzt ein Gericht zubereitet, das schon die alten Griechen gerne aßen, ein echtes griechisches Rezept!«

Menelaos reibt sich die Hände und freut sich offensichtlich sehr auf das Essen. Zuerst serviert uns Tante Iphigenia eine Maronensuppe, dann das Fleisch mit den Früchten, dazu weißen Reis. Es duftet himmlisch und Onkel Menelaos isst den Eintopf mit sichtlichem Genuss.

»Menelaos, hast du eigentlich mitbekommen, was du da gerade isst?«, fragt ihn Tante Iphigenia, als er sich gerade eine zweite Portion nimmt.

»Ich weiß nicht, wie es heißt, aber es schmeckt himmlisch! Ich kenne dieses Gericht noch von meiner Mutter. Was hast du denn hineingetan, liebe Iphigenia?«

»Früchte, Menelaos, viele Früchte, Zucker, Zitrone und etwas Zimt. Das ist ein traditionelles Gericht, das direkt aus der griechischen Antike stammt. Vielleicht hatten die alten Griechen ja kulinarische Kontakte zu den Chinesen? Was meinst du, Menelaos? Denn, stell dir vor, unsere alten Griechen kochten auch süßsauer – wie die Chinesen! Mit Trauben, Aprikosen, Honig, Apfelmost und Quitten – vor allem Quitten! Der alte Hippokrates hat sogar Quittengelee gegen Fieber und Durchfall empfohlen, Quittenmus ist gut für Wunden. Und Quittentee, lieber Menelaos, hilft bei Nervosität und mürrischem Verhalten!«

»Da siehst du es wieder! Alles, was wir in Griechenland als Erste hatten, ist jetzt auf der ganzen Welt verbreitet. Und die Chinesen haben einfach nur die fruchtreiche Küche des antiken Griechenland nachgemacht! Jawohl!«

MARONENSUPPE

Zutaten:

1 klein gehackte Zwiebel • ½ Knollensellerie • 100 g Butter • 20 geschälte Maronen (praktisch sind die fertigen und luftdicht eingepackten) • 1 l Gemüsebouillon • evtl. 1 Zimtstange • Salz, frisch gemahlener Pfeffer • 1 Prise Cayennepfeffer • 1 Prise Muskatnuss • etwas Zitronensaft • ½ Bund fein gehackte Petersilie • 200 g Schlagsahne • 1 Bund Schnittlauch • 1 EL klein gehackte Haselnüsse • 2 EL Cognac

Zubereitung:

Die klein gehackte Zwiebel und den fein gewürfelten Knollensellerie in Butter glasig werden lassen, die Maronen dazugeben und mit ½ Liter Bouillon ablöschen. Je nach Geschmack kann man auch eine Zimtstange mitkochen und vor dem Pürieren entfernen. Etwa 20 Minuten garen lassen und mit dem Pürierstab pürieren. Dann mit Salz, Pfeffer, Cayennepfeffer, Muskatnuss und etwas Zitronensaft abschmecken. Die gehackte Petersilie hineingeben und die geschlagene Sahne untermengen. Den fein geschnittenen Schnittlauch und die klein gehackten Haselnüsse darüberstreuen; zum Schluss den Cognac einrühren.

FLEISCHEINTOPF MIT QUITTEN, MARONEN UND PFLAUMEN

Zutaten:

1 ½ kg Schweinefleisch, in Stücke geschnitten • 3 EL Butter oder Olivenöl • 1 große Zwiebel, klein gehackt • 3 Tomaten, geschält und klein geschnitten • 1 EL Tomatenmark • 1 TL Zucker • ½ TL Zimt • Salz, Pfeffer • 1 kg Quitten, in große Stücke geschnitten • 10–15 getrocknete Pflaumen • 1 kg Maronen • etwas Olivenöl • Saft einer halben Zitrone

Zubereitung:

Die Fleischstücke in einem Topf mit Öl oder Butter anbraten, die Zwiebelstückchen hinzufügen und unter Rühren glasig werden lassen. Die Tomaten und das Tomatenmark dazugeben, mit Zucker, Zimt, Salz und Pfeffer würzen. Warmes Wasser in den Topf gießen. Das Ganze langsam bei niedriger Temperatur mindestens 1 Stunde kochen lassen. Wenn es fast fertig ist, das Fleisch herausnehmen und 10 bis 15 getrocknete Pflaumen, die Quittenstücke und die Maronen in den Topf geben, umrühren und eventuell noch etwas Olivenöl und den Saft einer halben Zitrone hinzufügen. Dann das Fleisch wieder hineingeben und alles bei niedriger Temperatur ½ Stunde weiterkochen lassen. Dabei immer wieder warmes Wasser nachgießen, damit eine Soße entsteht. Als Beilage eignet sich Reis.

MÖRDERISCHE SPEISEN

Onkel Menelaos macht uns noch immer das Leben schwer und raubt uns nach und nach den letzten Rest guter Laune. Er ist aber auch nie zufriedenzustellen. Nun laufen wir schon seit fünfzehn Tagen von Autohaus zu Autohaus, von offiziellen Vertragshändlern zu dubiosen Verkäufern auf dem Land, um ihm zu helfen, sein Traumauto zu finden, und er … er ist immer noch nicht zufrieden! Mal ist es die Farbe, mal das Modell und oft bricht er das Verkaufsgespräch ab und sagt: »Jetzt habe ich aber Hunger bekommen. Danke schön, wir kommen gerne ein andermal wieder!«

Tante Iphigenia und ich blicken uns dann jedes Mal an und spüren, wie uns das Blut in den Kopf steigt. Iphigenia ist immer noch bei mir in München, damit ich meinen schwierigen Onkel nicht alleine am Hals habe. Zu Hause sitzt Menelaos den ganzen Tag auf dem Sofa und schaut sich Autokataloge an, vergleicht Preise, Ausstattungen, Baujahre.

Bevor wir zum nächsten Gebrauchtwagenhändler aufbrechen, macht Tante Iphigenia ein besonders üppiges Frühstück: Spiegeleier mit Schinken, gebratenen Hartkäse, verschiedene leckere Brötchen, starken Kaffee. Mittags sagt sie zu ihrem Cousin: »Lieber Menelaos, bevor du wieder nach

Athen fährst, solltest du unbedingt noch das gute bayerische Spanferkel probieren!« Onkel Menelaos' Augen funkeln begeistert.

Nach dem Termin, bei dem Onkel Menelaos merkwürdig unkonzentriert war und zum Ärger des Händlers die Autos kaum beachtet hat, bestellt Tante Iphigenia für den Onkel in einem bayerischen Lokal Apfel-Meerrettich-Suppe mit gebratenen Blutwurstscheiben, dann Krautsalat mit Speck und schließlich das ersehnte Spanferkel mit zweierlei Knödeln. Ganz zum Schluss kommt dann noch die Nachspeise: ein großer Berg Kaiserschmarrn mit Puderzucker!

Ich staune: »Das ist ja eine richtige Hauptmahlzeit! Ob Onkel Menelaos das alles alleine schafft?«

»Ach was«, erwidert Tante Iphigenia, »du kennst Menelaos nicht, der isst wie ein Stier. Nicht wahr, Menelaos?« Und da habe ich so eine Ahnung, dass meine Tante etwas im Schilde führt.

Onkel Menelaos isst tatsächlich alles bis auf den letzten Krümel. Dann sagt er: »Jetzt bin ich so voll, dass ich heute Abend bestimmt nichts mehr essen kann.« Zum Abendessen stellt Tante Iphigenia eine Terrine mit großen Bohnen in Tomatensoße und Paprika auf den Tisch, dazu Taramosalata, frisches Weißbrot und pikante türkische Salami.

Onkel Menelaos jammert: »Ich bin doch noch so satt von heute Mittag, ich glaube, ich kann wirklich nichts mehr essen.« Aber nach fünf Minuten taucht er schon die erste Scheibe Weißbrot in den Taramosalata. Dann löffelt er blitzschnell die großen Bohnen auf. Doch noch ist er nicht erlöst von seinen Qualen – Tante Iphigenia serviert noch eine weitere Platte: aromatische Leber-Saltimbocca an

Süßwein-Kräutersoße. Der Duft der Salbeiblätter steigt uns in die Nase und Onkel Menelaos grunzt wie ein aufgeregter Stier: »Ho, ho, ho, meine Lieblingsspeise! Liebe Iphigenia, du schickst mich mit diesen himmlischen Spezialitäten noch in die Hölle!« Dann nimmt er sich schnell das größte Stück Leber.

Um Mitternacht herum höre ich ihn erst lautstark schnarchen und dann plötzlich röcheln und grunzen – ich bin beunruhigt.

Doch am nächsten Morgen ist Menelaos putzmunter und im Gegensatz zu mir hat er »wie ein Kleinkind« geschlafen, wie er sagt. Tante Iphigenia brät ihm zum Frühstück Nürnberger Rostbratwürstchen. Onkel Menelaos holt tief Luft – und isst alles auf. Dann legt er sich wieder ins Bett und ignoriert sämtliche Termine mit den Autohändlern. Das Mittagessen bringt ihm seine Cousine auf einem Tablett ans Bett: gebratene Auberginen, Leberpastete und russischen Kartoffelsalat mit viel Mayonnaise – und zum Schluss noch Apfelstrudel mit warmer Vanillesoße. Er isst, schnauft und schläft wieder ein. Abends bekommt er eine große Portion Moussaka als Vorspeise, Schweinemedaillons in Knoblauchsoße und Quarkpalatschinken.

Auch am nächsten Morgen hört Tante Iphigenia nicht auf, Menelaos zu mästen, und ich mache mir langsam ernsthafte Sorgen. Er isst einen gut gebratenen Hamburger mit Pommes frites, grunzt zufrieden und kehrt schweren Schrittes in sein Zimmer zurück. Wir gehen einkaufen und machen uns danach ans Mittagessen. »Menelaos! Das Essen ist fertig!«, ruft meine Tante wenig später in Richtung seines Zimmers. »Kuttelsuppe und bayerischer Schlachtteller!«

Wir hören nichts. Keine Antwort, kein Schnaufen, kein Schlurfen der Pantoffeln, kein Grunzen. Beunruhigt schauen wir uns an und rennen in sein Zimmer. »Ob wir ihn getötet haben?«, frage ich meine Tante leise. Das Zimmer ist leer. Auf dem Nachttisch liegt ein Zettel: »Liebe Cousine, liebe Eleana, meine Frau hat vorhin angerufen: Stellt Euch das vor, sie hat den Wagen meiner Träume in Athen gefunden! Ich fahre gleich zum Flughafen, weil sie fürs Mittagessen mit Innereiensuppe und Schweinskopf in Sülze auf mich wartet – meine ganz besondere Lieblingsspeise! Aber Dein wunderbares Essen, Iphigenia, werde ich bestimmt vermissen. Ich muss Dich unbedingt bald wieder in Venedig besuchen! Herzlich, Euer Menelaos.«

LEBER-SALTIMBOCCA AN SÜSSWEIN-KRÄUTERSOSSE

ZUTATEN:
6 dünne Scheiben Kalbsleber • 150 g Parmaschinken in dünnen Scheiben • frische Salbeiblätter • Olivenöl zum Anbraten • 50 g Butter • 1 klein gehackte Zwiebel • 3 klein gehackte Knoblauchzehen • 60 ml Mavrodaphne- oder Portwein • Salz und schwarzer Pfeffer aus der Mühle • Kräuter der Provence

Zubereitung:

Die Kalbsleberscheiben auf der Arbeitsfläche ausbreiten, jeweils mit einer Scheibe Parmaschinken gut bedecken und die Salbeiblätter darauf verteilen. Jede Leberscheibe zur Hälfte übereinanderklappen, sodass die Schinkenscheiben und die Salbeiblätter in der Mitte eine Füllung bilden. Mit einem Holzstäbchen feststecken.

    Die Saltimbocca in heißem Olivenöl von jeder Seite 4 bis 5 Minuten braten. Herausnehmen und warm stellen. Die Butter zum restlichen Öl in die Pfanne geben, erhitzen, die klein gehackte Zwiebel und den Knoblauch anschwitzen, mit dem Süßwein aufgießen. 3 bis 4 Minuten einkochen lassen, salzen, pfeffern und mit den Kräutern der Provence würzen. Die Saltimbocca auf einer vorgewärmten Platte anrichten und die Weinsoße darübergießen. Mit Salat und italienischem Brot oder Baguette servieren.

WINTER

ALS DIE KLEINE NACHTLAMPE MEINE GENESUNG ÜBERNAHM

Ich bin erkältet: Schnupfen, Husten, Heiserkeit. Und nicht nur ich. Jeder Zweite, den ich treffe, sagt: »Mich hat's erwischt! Komm mir nicht zu nah, sonst steck ich dich an!«

»Zieh dich warm an, bleib zu Hause und trink drei, vier Liter warmen Kräutertee. Trink so viel du kannst!«, rät mir Tante Iphigenia am Telefon. Sie macht sich Sorgen um mich. Ehrlich gesagt, mache ich mir auch Sorgen um sie: In Venedig gibt es ja zurzeit wieder Überschwemmungen.

»Ach was, wir sind das inzwischen gewöhnt. Das erschreckt uns nicht mehr!«, meint Tante Iphigenia gut gelaunt. »Wir schließen halt das Erdgeschoss und kommen über die Außentreppe in den ersten und zweiten Stock. Weißt du noch, als wir vor ein paar Jahren auch so eine Überschwemmung hatten? Habe ich dir davon erzählt? Onkel Menelaos und seine Frau waren gerade zu Besuch; sie waren extra aus Athen gekommen, um hier Muranogläser und Teller einzukaufen. Sie stellten also die Taschen mit dem verpackten Geschirr im Eingang ab, und am nächsten Tag gab es eine Riesenüberschwemmung und unser Erdgeschoss stand unter Wasser.

Menelaos' Frau machte sich große Sorgen wegen des Geschirrs. ›Beruhige dich, liebe Pelagia‹, sagte ich zu ihr, ›das Geschirr schmilzt nicht, es bleibt schon heil und ihr fahrt ja auch nicht sofort wieder ab. Das Wasser wird sich bald wieder zurückziehen.‹ Aber Menelaos zog tapfer die hohen Gummistiefel an und wollte das Geschirr herausfischen. In der Ecke, in der es stand, war das Wasser fast fünfzig Zentimeter hoch. Er ging also nach unten und wir vergaßen, dass wir dort auch die Tasche mit dem Brot und den Bananen stehengelassen hatten. Menelaos konnte die Tasche mit dem eingepackten Geschirr nicht sofort finden und trat stattdessen auf das nasse Brot, rutschte aus und fiel hin. Noch nie habe ich jemanden so laut schreien gehört! Er war auf die Tasche mit dem Geschirr gestürzt und hatte jetzt Glassplitter im Hintern! Wir brachten den Armen natürlich sofort in Yusufs Klinik und es war eine regelrechte Tortur, ihm die Splitter herauszuziehen. Danach konnte er ein paar Tage kaum sitzen. Er lag nur seitlich auf dem Sofa und stöhnte und Pelagia fütterte ihn, was er dann aber auch gar nicht so schlecht fand!«

Ich kann kaum aufhören zu lachen, so komisch finde ich das! Onkel Menelaos mit gepflastertem Hintern!

»Schau du lieber zu, dass du wieder gesund wirst!«, sagt meine Tante.

»Nach dieser lustigen Geschichte fühle ich mich schon viel besser!«, beruhige ich sie.

Am nächsten Morgen ruft sie wieder an: »Wie geht es dir heute? Ist deine Erkältung weg?«

»Na ja, etwas besser, aber ich huste nachts und habe kein Auge zugemacht. Ich bin völlig erschöpft!«, antworte ich mürrisch.

»Okay, hör zu: Heute Abend lässt du in deinem Schlafzimmer ein kleines Licht brennen. Neben dein Bett stellst du eine Thermosflasche mit Salbeitee, dazu jede Menge Lutschbonbons. Dann schließt du die Augen und sagst der kleinen Lampe, sie soll nachts auf dich aufpassen und die Erkältung verscheuchen. Sie wird dir helfen, du wirst schon sehen. Einverstanden?«

Ich schüttle den Kopf über ihre verrückte Idee – das kann sie ja nicht sehen.

Aber später ertappe ich mich dabei, wie ich die Augen zumache und geistig alles meiner Lampe überlasse. Die passt schon auf mich auf, sage ich mir.

Am nächsten Morgen fragt mich Tante Iphigenia am Telefon wieder, wie es mir geht.

»Viel besser! Deine Idee mit dem kleinen Licht im Schlafzimmer hat wahre Wunder bewirkt – als hätte es die vielen bösen Geister verscheucht! Und ich huste schon viel weniger.«

»Machst du dir denn auch etwas Gutes zum Essen?«, will meine Tante wissen. »Du brauchst Vitamine: Apfelsinen, Avocados, Kiwis, Salate, warme Suppen.«

»Tante, das weiß ich doch alles! Es geht mir inzwischen gut, ich arbeite ja auch schon wieder.«

Aber sie fragt unbeirrt weiter: »Isst du auch Nüsse?«

»Nüsse? Nein, daran habe ich nicht gedacht.«

»Wenn man schlapp ist, muss man Nüsse essen. Warum, glaubst du wohl, gibt es die Nüsse gerade im Winter?«

»Warum denn?«

»Weil sie unglaublich viel Energie enthalten. In ihrer harten Schale steckt das Leben selbst. Damit stärken sie die

Menschen in den dunklen Wintermonaten! Mach dir doch einen Kuchen mit Karotten und Walnüssen.«

»Ich mache mir lieber eine Fertigsuppe, esse zwei Apfelsinen und schaue fern.«

»Dann habe ich genau den richtige Snack für dich, gesund, lecker und einfach: Du brauchst nur ein paar Mandeln, Erdnüsse, Paranüsse und Cashewnüsse mit ein bisschen Salz auf niedrigster Temperatur zu rösten; du kannst auch eine kleine Chilischote dazutun, wenn du es scharf magst. Übrigens, fünf Walnüsse im Monat sollen die Lebenserwartung steigern. Habe ich jedenfalls gelesen. Vielleicht hilft es ja wirklich, hahaha!«

»Tante Iphigenia, ich habe einen zweiten Anruf in der Leitung! Ich rufe dich morgen wieder an. – Hallo? Ach, Tante Afroditi! Ja, es geht mir schon besser, danke! Ich fühle mich nur immer noch ein bisschen schlapp. Was? Ob ich Walnüsse esse? … Ja, ja, man lebt doch länger, wenn man Walnüsse isst. Hast du das nicht gewusst?«, frage ich und muss schmunzeln.

»Was, du schickst mir ein Walnuss-Kraftrezept per E-Mail? Danke, Tante, ja, ich habe es gehört. Bis dann.«

Erschöpft lege ich auf und fühle mich irgendwie belagert. Kann es sein, dass mir meine Tanten mit ihren andauernden Telefonaten und gut gemeinten Ratschlägen Kraft nehmen statt zu geben? Ich hole tief Luft. Dann mache ich mich an die Zubereitung des Orangenkuchens mit Walnüssen, dessen Rezept mir Tante Afroditi gerade geschickt hat. Ich bin gespannt. Wer weiß? »Du bekommst auch ein Stück davon, das gibt dir die Kraft zu leuchten«, sage ich liebevoll zu meiner kleinen Nachttischlampe. Sie zwinkert mir mit ihrem Licht zu.

ORANGENKUCHEN MIT WALNÜSSEN

Zutaten für den Belag:
2 große Orangen, in Scheiben geschnitten • 180 g Zucker

Zutaten für den Kuchen:
5 Eier • 180 g Zucker • 150 ml Olivenöl • geriebene Schale einer Orange • Salz • 400 g Mehl • 2 TL Backpulver • 1 TL Natron • 2 EL Cognac • Saft einer Orange • 350 g Walnüsse, grob gerieben • 2 ½ TL Zimt • 1 TL Nelkenpulver

Zubereitung:
Die Orangen mit dem Zucker in einem Topf bei mittlerer Hitze kochen lassen, bis die Schale weich wird und der Sirup etwas eingedickt ist. Mit dem Schaumlöffel herausnehmen und abtropfen lassen.

In einer Schüssel die Eier mit dem Zucker, dem Olivenöl, der geriebenen Orangenschale und einer Prise Salz schlagen, bis eine luftige Masse entsteht. Das mit dem Backpulver vermischte Mehl langsam in die Schüssel mit den Eiern geben. Das Natron im Cognac auflösen, den Orangensaft, die Walnüsse und die Gewürze hinzufügen.

Den Teig in eine eingefettete und mit Mehl bestäubte Form geben. Die Orangenscheiben darauflegen und im vorgeheizten Ofen 1 Stunde bei 200° C backen.

LEBKUCHEN UND MELOMAKARONA

Pünktlich wie jedes Jahr zu Nikolaus erhalte ich das obligatorische Päckchen Lebkuchen aus Nürnberg. Es ist für meine Tante Ourania inzwischen zur Tradition geworden, mich und unsere Verwandten mit Nürnberger Pfefferkuchen zu versorgen.

Dieses Mal bin ich auf den Inhalt besonders gespannt, denn Tante Ourania hat mir schon am Telefon neue Experimente angekündigt.

»Was denn?«, fragte ich sie.

»Ah, sei nicht so ungeduldig. Das wirst du schon sehen! Aber ruf mich an, ich will hören, wie du mein Backexperiment findest.«

Als ich das Päckchen öffne, steigt mir ein betäubender Duft nach Zimt, Nelken, Piment und Kardamom in die Nase. Und ich habe sofort das Bild meiner Tante vor mir: Wenn sie ihre Ärmel hochkrempelt, um den Teig zu kneten, ihre weiche Brust sich dabei sanft bewegt und ihre dicken Finger anmutig das Gebäck formen, dann verströmt ihr Körper genau den gleichen Duft wie das Weihnachtsgebäck.

Dieses Mal hat Tante Ourania offensichtlich nicht nur Lebkuchen, sondern auch Melomakarona, in Honig getauchte griechische Weihnachtsplätzchen, genauer übersetzt: Honignudeln, gebacken – die aber nichts mit Pasta zu tun haben. Voller Freude schiebe ich mir eins in den Mund. Mmh – perfekt! Aromatisch, schön weich und von Honig durchtränkt, wie es bei Melomakarona sein soll. Nur die Gewürzkombination ist mir etwas fremd. Auf einem Zettelchen klärt mich Tante Ourania dann auf: »Liebe Eleana, wusstest Du, dass die Nürnberger Lebkuchen ursprünglich aus dem Orient kommen? Das erklärt auch die Gewürze: Zimt, Muskatnuss, Ingwer, Nelken, Kardamom und Koriander. Für meine Melomakarona habe ich dieses Mal die gleichen Gewürze genommen, wie sie in den Nürnberger Lebkuchen zu finden sind.«

Ich esse noch eine dicke Honignudel und beiße gleich danach in einen Lebkuchen. Tatsächlich – der würzige Geschmack ist fast identisch! Der einzige Unterschied: Die weichen Melomakarona lösen sich mürbe im Mund auf und schmecken intensiv nach Honig, während der Lebkuchen einen festen und trockenen Biss hat.

Ich rufe Tante Ourania sofort an. »Dein griechisches Weihnachtsgebäck ist einfach herrlich! Aber findest du es nicht etwas weit hergeholt, dass Lebkuchen eine orientalische Erfindung sind?«

»Keineswegs!«, versichert mir meine Tante. »Ich habe extra alles nachgelesen, um dich, alte Zweiflerin, zu überzeugen: Es gibt Schriften aus dem Jahr 350 vor Christus, die die Zutaten für kleine runde Fladenbrote angeben. Aber man fand auch Überreste des trockenen Gebäcks in den Gräbern der Pharaonen im alten Ägypten. Die beweisen, dass es diese gewürzten Pfefferkuchen schon damals dort gegeben hat. Gewürze und Lebkuchen kamen erst mit dem heiligen Nikolaus in den Westen.«

»Wie meinst du das?«

»Du weißt doch, dass der heilige Nikolaus aus der Stadt Patara an der Mittelmeerküste in Kleinasien stammt, oder? Das war aber kein Türke, damals gab es ja die Türkei noch gar nicht. Er war ein orientalischer Grieche und hieß Nikolaus Myriotis«, erläutert meine Tante.

»Ein orientalischer Grieche, ja? Tante, hast du dir das wirklich nicht ausgedacht?«

»Nein, das ist allgemein bekannt! Man sagt, dass Bischof Nikolaus zwischen 270 und 320 nach Christus geboren wurde, und er hieß Myriotis, weil er der Bischof der Stadt Myra wurde. Die Stadt Myra liegt in der Nähe von Antalya, damals Lykien, und es werden sehr viele Geschichten über den Bischof Nikolaus erzählt, und vor allem über die Wunder, die er vollbrachte. Er war der Schutzpatron der Seeleute, der reisenden Händler, der Pilger, der Ausgewanderten und der Kinder. Oft sieht man ihn auf Ikonen in der Kirche ein Schiff durch stürmischen Seegang lenken. Den heiligen Nikolaus beanspruchen übrigens alle für sich. Die Katholiken stellen ihn mit einem rotweißen Bischofskleid und einem Hirtenstab dar, die orthodoxen Christen malen ihn auf ihren Ikonen in einem schlichten blauen Kleid und mit einem Schiff in den Händen. Die Türken beanspruchen ihn auch als ihren Landsmann. Aber alle feiern ihn am 6. Dezember.«

»Das ist ja sehr interessant! Ein Heiliger mit verschiedenen Gesichtern, der viele Religionen und Kulturtraditionen in seiner Person vereint. Das ist mir sympathisch«, sage ich.

»Außerdem«, meint meine Tante, »bin ich sicher, dass er in den westlichen Ländern den orientalischen Lebkuchen mit seinen Gewürzen bekannt gemacht hat. So gab es im Mittelalter eine ganze Zunft, die der Lebküchner, die Lebkuchen gebacken hat. In den Klöstern gab es auch Lebkuchenbäckereien. Und du weißt ja, dass es üblich ist, aus Lebkuchenteig einen Nikolaus zu formen. Noch Fragen?«

»Ja, also der heilige Nikolaus brachte auch die orientalischen Gewürze für den Lebkuchen mit. Oder … die Händler brachten die Gewürze und der Heilige beschützte sie.«

»Genau, so ungefähr muss es gewesen sein. Und deswegen haben die hanseatischen Städte auch seine Farben geerbt, rot und weiß …«

»Liebe Tante, das sind wirklich schöne Geschichten. Aber jetzt erzähl mir doch bitte, wie man Melomakarona macht. Übrigens, wenn ich so eine Honignudel zwischen den Fingern halte und da reinbeiße, muss ich immer an dich denken: rundlich, weich und zugleich mit Biss und duftend! Liebe Tante, ich werde dich ab jetzt Honignudel nennen.«

»Wehe! Sonst bekommst du kein Rezept mehr von mir!«, sagt Tante Ourania und lacht.

»Na schön, sonst verhungere ich womöglich noch!«, lenke ich schnell ein.

»Also gut – aber Vorsicht, der Sirup ist das A und O! Du darfst beim Aufkochen nicht zu lange warten und die Melomakarona nicht zu lange darin schwimmen lassen. Man muss genau den richtigen Moment erwischen – so wie im Leben auch, liebe Eleana!«

MELOMAKARONA

Zutaten:
500 ml Olivenöl • 100 g Zucker • 60 ml Weinbrand • 1 gestr. TL Nelkenpulver • 1 gestr. TL Zimt • 1 gestr. TL Ingwerpulver • 1 Msp. Kardamom • 200 ml Orangensaft • fein geriebene Schale von 2 Orangen • 1 kg Mehl • 2 TL Backpulver • Zimt, Sesam und grob geriebene Walnüsse zum Bestreuen

Für den Sirup:
500 g Honig • 300 ml Wasser • 120 g Zucker

Zubereitung:
Öl, Zucker, Weinbrand, Nelkenpulver, Zimt, Ingwerpulver, Kardamom, Orangensaft und -schalen gut verrühren. Das Mehl und das Backpulver nach und nach zugeben. Alles verkneten, dann längliche Plätzchen formen. Mit einer Gabel Einkerbungen in die Plätzchen ritzen; in den Rillen halten später Honig und Walnüsse besser. Auf ein gefettetes Blech legen und im vorgeheizten Ofen bei 200° C etwa 30 Minuten backen. Abkühlen lassen.

Alle Zutaten für den Sirup bei niedriger Hitze ca. 10 Minuten aufkochen lassen. Den Schaum entfernen. Den Sirup über die lauwarmen Melomakarona gießen. 1 Minute ruhen lassen. Eventuell die Plätzchen kurz umdrehen. Vom Blech nehmen, mit Zimt, Sesam und Walnüssen bestreuen.

LEONARDO DA VINCI IM WEIHNACHTSSTRESS

Ich bin in Venedig, bei Tante Iphigenia und Onkel Yusuf. Onkel Manfred und Tante Pinelopi sind ebenfalls da – von Korfu nach Venedig ist es nur ein Katzensprung. Auch Tante Afroditi ist für die Weihnachtszeit aus Spanien gekommen. Nur Ourania und Theofilos sind in Nürnberg geblieben, denn ihr Sohn Charilaos wird mit seiner Verlobten bei ihnen Weihnachten feiern. Tante Iphigenia hat es jedenfalls geschafft, uns für die Reise zu gewinnen, mit den Worten: »Kommt ihr Weihnachten nach Venedig?«

»Kann man denn in einem halb überschwemmten Venedig überhaupt schön Weihnachten feiern? Wird man da nicht ständig an die Vergänglichkeit der Schönheit erinnert?«, gebe ich am Telefon zu bedenken.

»Die Vergänglichkeit der Schönheit ist in Venedig immer präsent, egal ob Weihnachten oder Ostern, überschwemmt oder nicht überschwemmt«, antwortet meine Tante. »Vergiss trotzdem nicht deine Gummistiefel!«

Ich setze mich also in den Zug nach Venedig. Am Hauptbahnhof Santa Lucia steige ich in das Vaporetto der Linie 1, die den Canale Grande entlang zum nördlichen Stadtteil Cannaregio fährt, wo Tante Iphigenia und Onkel Yusuf wohnen. Die Weihnachtslichter der Stadt spiegeln sich auf der Wasseroberfläche der Kanäle wider und schaffen ein prachtvolles Bild. An der Anlegestelle Ca' d'Oro wartet schon Onkel Manfred, um mir mit dem Koffer zu helfen. Bis zum alten ockerfarbenen Palazzo meiner Tante sind es nur drei Minuten. Nach den ersten Begrüßungen serviert uns Tante Iphigenia den obligatorischen Espresso in kleinen bauchigen Tassen.

»Um die Weihnachtszeit herrscht in Venedig bestimmt eine besonders friedliche Stimmung«, meint Tante Afroditi. »Eine melancholische Winterstimmung, die Gassen sind in leichten Nebel gehüllt ... kein Einkaufsgeschiebe und Gerangel wie bei uns! Lassen wir uns einfach vom Glanz der venezianischen Palazzi und dem Renaissanceambiente der Schaufenster beflügeln: samtene Stoffe, feine venezianische Spitze, leuchtende Glasperlen ...«

Ihre Schwester Iphigenia grinst leise in sich hinein. Am nächsten Tag weiß ich auch, warum. Schon nach einer kleinen Runde durch Venedigs Gassen sind wir eher enttäuscht: Genau der gleiche Stress wie zu Hause!

Dann schlägt Tante Pinelopi, die Lehrerin in unserer Familie, vor, uns auf die Suche nach griechischen Spuren in der Lagunenmetropole zu begeben. Tante Iphigenia führt uns natürlich sofort zum schiefsten Turm der Stadt. Er gehört zu San Giorgio dei Greci und wird seit Jahren durch elektronische Messgeräte kontrolliert. Nach viel Zickzack durch die engen venezianischen Gassen sind wir endlich am Ziel. Im herrlich grünen und stillen Innenhof der Kirche hat man das Gefühl, ein kleines Paradies gefunden zu haben, meilenweit entfernt vom Trubel der touristischen Riva degli Schiavoni.

Die Kirche wurde durch die Mittel der in Venedig lebenden und arbeitenden griechischen Intellektuellen, Künstler und wirtschaftlich besonders erfolgreichen Drucker im Jahre 1573 gebaut, lesen wir in einem Heftchen mit Informationen.

»In den Druckereien von Venedig erschienen die ersten griechischen Schriften in Büchern«, sagt Tante Pinelopi und fährt fort: »Hier in Venedig gibt es auch das Istituto Ellenico, das Griechische Institut für byzantinische Studien, in dessen Bibliothek sich uralte, interessante Bücher befinden. Venedig war Teil des östlichen byzantinischen Kaiserreiches, ein Exarchat am westlichen Rand. Es diente aus byzantinischer Sicht als Puffer nach Westen.«

»Die byzantinische Architektur und Kultur findet sich bis heute in unserer Stadt«, bestätigt Tante Iphigenia. »Ich zeige euch gerne einige byzantinische Kirchen, aber es gibt auch Spuren in den alten Teilen einzelner Paläste entlang des Canale Grande und in Museen.«

»Gehen wir da morgen Vormittag hin?«, fragt Tante Afroditi begeistert.

»Können wir machen!«, erwidert Tante Iphigenia. »Aber jetzt machen wir es uns erst einmal zu Hause gemütlich! Am Abend zünden wir Kerzen an, schauen aus dem Küchenfenster auf die weihnachtlich beleuchtete Lagune … und ich koche für euch Leber alla greco-veneziana. Als Vorspeise gibt es eingelegte Sardinen alla spagnola und zum Schluss mein berühmtes Tiramisu. Na, wie klingt das?«

Wir klatschen begeistert in die Hände.

Zu Hause, beim Kaffeetrinken, stöhne ich: »Venedig ist so schön, aber dieser Weihnachtsstress macht mich gerade ganz fertig.«

»Ach, gewiss gab es hier schon in der Renaissance Weihnachtsstress«, lächelt Tante Afroditi, unsere Kunstexpertin. »Ich lese gerade eine Biografie über Leonardo da Vinci, ihr wisst schon, der die geheimnisvolle Gioconda gemalt hat. Überall, wo er war, in Florenz, in Mailand und in Venedig, hat er riesigen Stress verursacht, denn er war ein unglaubliches Energiebündel. Was aber kaum jemand weiß: Er hat nicht nur sensationell gemalt, sondern auch leidenschaftlich gerne gekocht. Seine kulinarischen Kreationen erinnern an die Nouvelle Cuisine – einfach, natürlich und minimalistisch. Er führte sogar zusammen mit dem berühmten Maler Botticelli ein Restaurant in Florenz, im Jahre 1468. Doch die ersehnten Gäste blieben aus, da die kunstvoll kreierten Portionen viel zu klein waren, um davon satt zu werden. Ein paar Jahre später arbeitete Leonardo da Vinci für den Mailänder Herzog Ludovico Sforza. Der große Künstler war für die Festtafeln und die Speisen im Palast zuständig.«

»Hier übernehme ich, weil ich auch eine sehr witzige Geschichte über den Erfinder und Ingenieur da Vinci kenne«, unterbricht Onkel Manfred meine Tante, und ich bin begeistert, dass endlich mal ein Mann in unserer Runde spricht. »Da Vinci hatte also ein Faible für ausgefallene Dinge und komplizierte Geräte, und so schlug er vor, die gesamte Palastküche zu Weihnachten umfunktionieren zu lassen. Sforza willigte ein. Die neue Küche wurde doppelt so groß und mit vielen seltsamen Apparaturen versehen, die Leonardo entworfen und gebaut hatte. Die Gäste erschienen also in großer Zahl in Sforzas Palast, voller Vorfreude auf das Weihnachtsessen. Erwartungsvoll wurde die neue Küche in Betrieb genommen – da erklang plötzlich ein höllischer Lärm. Die Maschinen waren in Gang gesetzt worden: Zweihundert Küchenhelfer waren damit beschäftigt, mit einer Riesenmühle, die von Hand gekurbelt wurde, eine ganze Kuh klein zu hacken, und die Fleischstücke flogen durch die Luft! Eine Maschine, die Wasser aus dem Brunnen schöpfen sollte, hatte den gesamten Küchenboden überschwemmt. Gigantische Flügel an der Decke sollten die Kochdämpfe vertreiben und machten dabei so viel Wind, dass die Flammen an der Herdstelle auflodertern und die ganze Küche zu verbrennen drohte. Es war ein einziges großes Inferno, Köche und Gäste ergriffen die Flucht.«

Wir lachen fröhlich und unbekümmert.

»Wenn ich koche, ist auch der Teufel los!«, ruft Onkel Yusuf.

»Nur Ludovico Sforza blieb bei diesem Durcheinander ruhig«, fährt Onkel Manfred fort. »Er bat Leonardo, seine Küchenmaschinen in Kriegsmaschinen zu verwandeln. Die setzte Sforza später im Krieg gegen die Franzosen ein und hatte damit sogar unerwarteten Erfolg … Ach, wie ich sehe, ist die Leber alla greco-veneziana auch gerade fertig, liebe Iphigenia – genau richtig!«, schließt Onkel Manfred elegant.

»Voilà! Kalbsleber mit viel Oregano und Zwiebelringen, mit süßem griechischen Wein gelöscht«, präsentiert Tante Iphigenia ihr Gericht. »Yusuf, könntest du die Kerzen anzünden?«

»Klar! Ich nehme aber lieber die Streichhölzer«, sagt Onkel Yusuf. »Denn wer weiß, was da sonst alles passieren könnte! Leonardos Küchenzauber soll uns ja kein Vorbild sein!«

EINGELEGTE SARDINEN ALLA SPAGNOLA

Zutaten:

500 g Gemüsezwiebeln • 4 Knoblauchzehen • 6 EL Olivenöl • 1 TL Zucker • 250 ml Weißwein • 50 ml weißer Balsamico-Essig • 150 ml Gemüsebrühe • Salz, Pfeffer • 50 g Pinienkerne • 2 klein gehackte getrocknete Feigen • 400 g Sardinen • etwas Mehl • 300 ml Öl zum Frittieren • 200 g Radicchio • 1 Bund glatte Petersilie

Zubereitung:

Für die Marinade Zwiebeln und Knoblauch in feine Streifen schneiden. 4 EL Olivenöl in einem Topf erhitzen, Zwiebeln und Knoblauch darin glasig werden lassen. Zucker zugeben, mit Weißwein, Balsamico und Gemüsebrühe auffüllen. Kurz aufkochen lassen und bei mittlerer Hitze 5 Minuten weiterköcheln lassen. Mit Salz und Pfeffer würzen. Die Pinienkerne in einer Pfanne ohne Fett goldbraun rösten. Die klein gehackten Feigen zusammen mit den Pinienkernen zur Marinade geben.

Die Sardinen putzen, Köpfe und Innereien mit einem Griff ablösen. Den Bauch aufschneiden und die restlichen Innereien unter fließendem kaltem Wasser waschen. Die Sardinen auf Küchenpapier gut trocken tupfen. Dann in etwas Mehl wenden und in heißem Öl goldbraun ausbacken. Auf Küchenpapier legen, leicht salzen und pfeffern. Radicchio in ½ cm breite Streifen schneiden. Das restliche

Olivenöl erhitzen und den Radicchio darin leicht anschwitzen. Sardinen in eine Auflaufform legen und mit der Marinade übergießen. Den Radicchio darauf verteilen und mit abgezupften Petersilienblättern dekorieren. 2 Tage im Kühlschrank ziehen lassen.

MENÜPLANUNG IM CAFFÈ FLORIAN

Die Stimmung beim Frühstück ist richtig weihnachtlich. Alle sprechen fröhlich durcheinander, während Tante Iphigenia überall brennende Kerzen und Vasen mit Winterblumen und Tannenzweigen aufstellt. Gleich wollen wir bummeln gehen und dafür haben sich meine Tanten festlich angezogen. Tante Iphigenia hat ihr langes rotblondes Haar zu einem Zopf geflochten, den sie wie ein elegantes Hütchen am Hinterkopf festgesteckt hat. Sie trägt ihre weiße Bluse aus venezianischer Spitze und eine rostbraune Weste aus Brokatstoff. Die Gold- und Silberfäden der Weste passen wunderbar zur weihnachtlichen Atmosphäre – wie auch ihr rostbrauner Rock aus weichem Samt.

Tante Afroditi, mit ihren dichten weißen Haaren und den blauen Strähnen, trägt einen farblich abgestimmten blauen Umhang mit einem weißen Pelzkragen und lange Silberohrringe. Einfach umwerfend!

Tante Pinelopis weiße Haare mit dem leicht lilafarbenen Ton harmonieren perfekt mit ihrem entzückenden moosgrünen Hosenanzug, dessen breiten Kragen eine alte Perlenbrosche schmückt. Die drei alten Damen sehen atemberaubend aus und ich bin sehr stolz auf sie – und auf ihre guten Ideen. Tante Afroditi meint, nach den Einkäufen sollten wir doch ins berühmte Caffè Florian gehen.

»Na ja, wenn es sein muss!«, erwidert Tante Iphigenia. »Dort sitzen ja immer die Touristen. Ich meide dieses Café, auch wenn es wunderschön ist. Es gibt so viele andere schöne Plätze in Venedig, aber gut, ihr seid ja schließlich auch Touristinnen und das Caffè Florian passt mit seinem Kitsch herrlich zur Weihnachtszeit. Eigentlich ist es ein Muss für jeden Kaffeeliebhaber und Venedig-Besucher. Auch wenn es nicht gerade billig ist«, fügt sie hinzu. Wir gehen in Richtung Markusplatz und finden unter den Arkaden die alte Tür des Caffè Florian.

»Das ist eines der ältesten Kaffeehäuser Europas«, sagt Tante Iphigenia, nachdem wir Platz genommen haben, und liest uns die Geschichte des Cafés aus der Karte vor: »Das Gebäude stammt aus dem Jahre 1430. Das Café wurde am 29. Dezember 1720 von einem Mann namens Floriano Francesconi eröffnet. Seine *bottega da caffè* nannte Francesconi ›Venezia trionfante‹, triumphierendes Venedig. Die Venezianer fanden den patriotischen Namen etwas übertrieben. Die Blüte der großen Seemacht Venedig, einst das Zentrum des Welthandels, war zu dieser Zeit bereits überschritten. Venedigs Bürger verabredeten sich also einfach bei Floriano und später dann im Caffè Florian. Große Schriftsteller und Dichter haben über das Café geschrieben. Goethe, Balzac, Casanova und Proust zählten zu seinen berühmten Gästen, ebenso Richard Wagner, Thomas Mann und noch viele andere.«

»Ach, ich fühle mich schon wie eine halbe Dichterin!«, ruft Tante Afroditi begeistert.

»Und der Kaffee ist so gut«, meint Tante Iphigenia, »dass ich mich voller Tatendrang in den Tag stürzen möchte.«

»Aber wir sollten uns lieber auf die Planung unseres Weihnachtsessens konzentrieren«, wirft Tante Pinelopi ein. »Was meint ihr?«

»Liebe Cousine, vergiss bitte nicht, wir wollten auf keinen Fall in Weihnachtsstress kommen«, erinnert Tante Iphigenia sie. »Der gute Kaffee wird uns helfen, entspannt zu bleiben, um unser Weihnachtsmenü ganz spielerisch zu gestalten. Wir sollten uns einfach von dieser schönen Umgebung inspirieren lassen. Ich fange an: Als Hauptspeise möchte ich Schweinefleisch mit Pflaumen und Aprikosen zubereiten … die nächste bitte!«

»Als Vorspeise mache ich eine Pastete aus Lachs und Krebsfleisch«, sagt Tante Pinelopi.

»Und zum Nachtisch mache ich Tiramisu«, fügt Tante Afroditi hinzu.

»Und was mache ich?«, frage ich meine Tanten.

»Du schaust zu und liest uns Geschichten vor oder singst für uns!«, meint Tante Iphigenia. »Deine Lachspastete klingt ja sehr interessant, Pinelopi.«

»Hast du denn dafür eine Fischform, liebe Cousine?«, fragt Pinelopi.

»Nein, ich mache so etwas immer in einer Schüssel«, antwortet Iphigenia.

»Gut! Dann habe ich jetzt endlich ein Weihnachtsgeschenk für dich: eine schöne Fischform aus weißem Porzellan! Perfekt! Und du, Afroditi, hast du so eine Fischform?«, fragt Pinelopi. »Denn dann kaufe ich zwei und bin die Kopfschmerzen wegen der Geschenke los.«

»Ich möchte lieber eine Entenform aus Porzellan. Gibt es so etwas hier in Venedig?«, fragt Tante Afroditi lächelnd.

»Aber klar!«, versichert Tante Iphigenia.

»Und ich hoffe, dass wir alle bis Silvester bleiben«, sagt Tante Afroditi. »Dann überrasche ich euch nämlich mit Entenbrustfilets in meiner neuen Porzellanform, serviert mit einer Soße aus Apfelessig, Zimt und gebratenen Äpfeln!«

»Und ich schenke jeder von euch einen Pandoro, den traditionellen italienischen Weihnachtskuchen, aus dem Caffè Florian«, sagt Tante Iphigenia.

»Und mit meinem Geschenk gondeln wir dem Weihnachtsstress einfach davon: Ich lade euch zu einer Rundfahrt durch die Kanäle Venedigs ein, am zweiten Feiertag!«, sage ich.

PASTETE AUS LACHS UND KREBSFLEISCH

Zutaten:
250 g geräucherter Lachs • 200 g frische Lachsfilets • 150 g Krebsfleisch • 2 hart gekochte Eier • 2 kleine gekochte Zwiebeln • Salz, Pfeffer • 1 Chilischote • 4 EL Zitronensaft • 3 EL Mayonnaise oder Sahne • 1 Bund Dill • 2 Päckchen Gelatine

Zubereitung:
Den geräucherten Lachs in grobe Würfel schneiden und zusammen mit dem frischen Lachs, dem Krebsfleisch, den gekochten Eiern und den gekochten Zwiebeln in den Mixbecher geben. Mit Salz, Pfeffer, Chili und frisch gepresstem Zitronensaft würzen. Mayonnaise oder Sahne dazugeben und alles fein pürieren. Den fein gehackten Dill und die aufgelöste Gelatine unter die Lachscreme rühren. (2 EL der Lachscreme zur Gelatine in den Becher geben und gut verrühren, damit sich keine Klümpchen bilden. Erst dann zur restlichen Lachscreme zurückgeben und verrühren.) Eine kleine Form dünn mit Öl auspinseln. Klarsichtfolie einlegen, die Masse hineinfüllen und mit Folie abdecken. Die Lachspastete soll mindestens 4 Stunden kalt gestellt werden. Dann auf ein Brett stürzen und die Folie abziehen.

HOMERS LINSENSUPPE

Nach Silvester sind wir alle wieder nach Hause gefahren – so schön Venedig auch war, es ist gut, wieder in München zu sein. Es sind also schon zwei Wochen vergangen, da meldet sich Tante Pinelopi aus Korfu: »Sag mal, liebe Eleana, was sind denn das für Meldungen aus Deutschland? Wollen die Deutschen etwa die Geschichte neu schreiben?«

»Was meinst du?«, frage ich und denke, dass meine Tante schon wieder in ihrem oberlehrerhaften Ton schwelgt.

»Hast du denn gar nichts mitbekommen?«, tönt ihre leicht erregte Stimme aus dem Hörer.

»Wovon genau redest du, liebe Tante?«

»Steht doch in jeder deutschen Zeitung. Homer soll plötzlich aus Karatepe in der Türkei stammen! Sag mal, das meinen die doch wohl nicht im Ernst! Was soll der Quatsch?«

»Tante, beruhige dich! Das ist nur eine Meinung von vielen!«

Meine Tante holt tief Luft: »Also ich, Pinelopi, protestiere vehement! Soll denn der ruhmvolle Odysseus, Gatte meiner Urgroßcousine Penelope, auf einmal kein Grieche mehr sein? Und Ithaka und Korfu sind jetzt am Persischen Golf zu finden?«

»Tante, du übertreibst.«

»Von wegen, die übertreiben, eure Philologen und eure Zeitungen!«

»Moment mal! Ich hab das auch gelesen – die Zeitungen berichten von einem Dichter, der meint, dass Homer in Kilikien lebte. Es mag ja sein, dass Kilikien heute in der Türkei liegt, aber doch nicht damals! Damals gehörten alle östlichen Gebiete zum griechischen Kulturkreis!«

»Jawohl, und Homer war Grieche!«

»Das bezweifelt doch niemand, liebe Tante. Was sagt denn Onkel Manfred dazu?«

»Er ist natürlich meiner Meinung! Manfred wäre genauso sauer, wenn man Goethe plötzlich als den geheimen Sohn einer sizilianischen Dienerin sehen wollte. Goethe ist Goethe: ein Deutscher, und Homer ist Homer: ein Grieche. Punkt aus!«

»Tante!«

»Nichts Tante! Ich habe schon mit Iphigenia in Venedig telefoniert. Wir haben die Lage besprochen und eine Entscheidung getroffen: Wir werden die traditionelle griechische Kultur wiederbeleben und zur Mode machen. Vor allem in der Küche.«

»Und wie wollt ihr das anstellen?«

»Wir werden die Gerichte der griechischen Antike nachkochen.«

»Und von was haben sich die Leute in der Antike ernährt?«, frage ich neugierig.

»Von Linsen, Gerste und Weizen. Die Linsen aßen die alten Griechen als Suppe oder Salat, die Gerste als Brei oder Gebäck, und aus dem Weizen machten sie Brot«, erläutert Tante Pinelopi. »Außerdem gab es als Vorspeise selbst gemachten Schafs- und Ziegenkäse, den sie zu besonderen Anlässen backten, genauso wie wir es noch heute machen. Besonders köstlich waren klein geschnittene Kohlblätter, die man in Olivenöl gebraten hat. Fisch oder Tintenfisch kam sehr oft auf den Tisch, Lammfleisch seltener. Ja, und heute mache ich für Manfred und mich eine Linsensuppe nach altem traditionellen Rezept, mit gebackenem Schafskäse und Feigen. Übrigens, in der Antike gab es ganz wunderbare Linsenrezepte.«

»Das hört sich ja wirklich lecker an!«

»Ist es auch! Und zum Schluss habe ich noch einen Tipp direkt aus der Antike: Bei einem großen Essen lud man auch immer einen *Gelotopoiós* ein, einen Witzeerzähler und Entertainer. Denn es herrschte die weise Meinung, dass Lachen die Verdauung fördert.«

»Na, den braucht Onkel Manfred ja zumindest nicht mehr, er hat ja dich, liebe Tante!«

LINSENSUPPE NACH TRADITIONELLER ART

Zutaten:
Olivenöl zum Anbraten • 2 Zwiebeln, klein gehackt • 2 Knoblauchzehen • 1 Karotte, in Scheiben • 2 Tomaten, gehäutet und klein geschnitten • 250 g Linsen • 2 Lorbeerblätter • Salz, Pfeffer • Oregano • etwas Balsamico-Essig • 2 klein geschnittene getrocknete Feigen • einige gehackte Walnüsse • gebackener Schafskäse in Würfeln

Zubereitung:
In heißem Öl die Zwiebeln, Knoblauchzehen, Karottenscheiben und Tomaten anschwitzen. Die Linsen gut waschen und mit den Lorbeerblättern dazugeben. Alles ca. 1 Stunde kochen lassen. Zum Schluss mit Salz, Pfeffer, Oregano und einem Schuss Balsamico-Essig würzen und die Lorbeerblätter entfernen. Feigen, Walnüsse und einige Würfel gebackenen Schafskäse in die heiße Suppe geben und servieren.

ANTIKE SCHNECKEN UND EIN KOCH ALS GESCHENK

Tante Pinelopi ruft ihre Cousine Iphigenia und mich fast alle zwei, drei Tage an, spätestens eben dann, wenn sie eine neue Schnapsidee zu ihrer Antike hat.

Ihr letzter Einfall: »Was hat die heutige griechische Kochkunst von der antiken übernommen? Das sollten wir rekonstruieren.«

»Tante, es ist politisch nicht korrekt, wenn du auf einer antiken griechischen Küche bestehst. Die mediterranen Länder haben sich kulinarisch gegenseitig beeinflusst. Vor allem der östliche Mittelmeerraum, von dort kamen die meisten und wichtigsten Gewürze, aber auch viele Gemüsesorten.«

»Ja, ja, ich sage doch gar nichts«, meint meine Tante. »Zwischen Griechenland und den benachbarten Ländern gab es ja damals noch keine Grenzen. Und die Griechen waren mit ihren Segelschiffen ständig unterwegs. Dadurch konnten Wissen, geistige Inhalte, aber auch Naturprodukte problemlos ausgetauscht werden. Übrigens, wir, also deine Tante Iphigenia und ich, haben mit unseren Recherchen in vorhistorischer Zeit begonnen.«

Oje, jetzt hat sie Tante Iphigenia auch damit angesteckt. »Und woher habt ihr eure Quellen?«, staune ich.

»Iphigenia hat sich an die Bibliothek des Istituto Ellenico gewandt, des Griechischen Instituts für byzantinische Studien in Venedig. Dort studiert und recherchiert sie jetzt unermüdlich und berichtet mir jeden Tag von ihren Fortschritten. Wusstest du eigentlich«, fährt Tante Pinelopi fort, »dass die frühesten Funde von Essensresten der Menschheit, uralte Knochen, zwischen dreißigtausend und fünfzigtausend Jahre alt sind?«

»Das ist aber eine große Zeitspanne, Tante!«

»Nimm es doch nicht so genau! Ein paar Jahrtausende hin oder her, das macht keinen Unterschied. Kennst du übrigens das Buch ›Essen und Trinken im alten Griechenland‹? Das hat der englische Historiker Andrew Dalby geschrieben. Er meint, dass die klimatischen Veränderungen Flora und Fauna stark beeinflusst haben.«

»Was soll das denn heißen?«

»Das heißt, dass zwar diese Knochen in Thessalien von einem Rhinozeros, einem Nilpferd und einem Elefanten stammen, diese Tiere aber später, unter anderen klimatischen Bedingungen, dort verschwunden sind. Interessant ist auch, dass die Knochenreste Ruß aufweisen, was bedeutet, dass das Fleisch am Feuer gebraten wurde.«

»Elefanten und Nilpferde in Griechenland! Und was zeigen spätere Funde?«

»Knochen von Bären, Rotwild und Wildeseln«, sagt Tante Pinelopi. »Außerdem gab es wilde Ochsen, Wildschweine und Hasen. Hasen waren später, so um das fünfte Jahrhundert vor Christus, im dicht besiedelten Griechenland die bekannteste Wildart. Die sind sogar auf Jagdszenen der ältesten bemalten Vasen aus Athen zu erkennen. Außerdem haben die Menschen anscheinend über lange

Perioden immerzu das Gleiche gegessen. In einer Höhle in Argolis auf dem Peloponnes fanden die Archäologen jede Menge Schalentiere aus der Zeit um 10.000 vor Christus.«

»Was waren das denn für Schalentiere? Etwa aus dem Meer?«, unterbreche ich meine Tante.

»Nein, anfangs wurden bei den Ausgrabungen Schalen von Schnecken gefunden – vor allem auf Kreta. Auch auf Santorin, aber dorthin wurden sie aus Kreta als Delikatesse importiert. Noch in klassischer Zeit hat man sehr gerne Schnecken gegessen. Willst du ein Schneckenrezept?«

»Nein, Tante! Ich esse keine Schnecken!«

»Aber in Griechenland isst man sie bis heute, in Frankreich sind sie eine Delikatesse! Und sogar bei Potsdam werden mittlerweile Weinbergschnecken für Feinschmecker gezüchtet.«

»Liebe Tante, ich will wirklich kein Schneckenrezept. Kannst du mir nicht etwas anderes vorschlagen?«

»Aber natürlich! Wie wär's mit Thunfisch? In der klassischen Antike hat man sehr viel Thunfisch gegessen. Auch den Göttern wurde er geopfert, wie uns Malereien auf Vasen verraten.«

»Also gut«, sage ich, »ich kaufe morgen beim Fischhändler ein paar Thunfischsteaks.«

»Als Beilage schmecken Mangold und Kichererbsen sehr gut.«

»Tante, du bist genial!«

»Ich? Oder unsere antiken Vorfahren? Die waren genial. Denn im Athen der Antike um ungefähr 400 vor Christus konnten sie ohne allzu viel Mühe ein großes Essen veranstalten. Stell dir vor, sie gingen einfach auf den Markt, um dort einen Koch, einen *Mageiros*, anzuwerben.«

»War das ein Sklave oder ein speziell ausgebildeter Athener?«

»Das konnte ein Athener, ein Fremder oder ein Sklave sein, Hauptsache, er kannte sich mit Festessen und Opfergaben aus. Seine Aufgabe war es, das Tier zu kaufen. Außerdem beherrschte er die Kunst des Zerlegens und trennte die besten Stücke fürs Essen und für die Opfergabe heraus. Dann erst begann er mit der Zubereitung der Speisen. Der *Mageiros* war sehr wichtig für solche Feste. Und weil du letztens gesagt hast, dass du viel zu tun hast und die nächsten Tage zu Hause bleiben und schreiben willst, sind Iphigenia und ich auf die tolle Idee gekommen, dir das Leben ein wenig zu erleichtern. Und weil wir uns gerade mit der Antike beschäftigen, haben wir dir Teseo bestellt.«

»Teseo?«

»Jawohl, Teseo! Ein äußerst talentierter Koch! Er wird heute Abend zu dir kommen, damit ihr die Einkäufe besprechen könnt. Morgen geht er dann auf den Markt, besorgt alles und kocht für dich. Wir haben ihn für zehn Tage gebucht. Und wenn Iphigenia und ich nächste Woche zum Fasching nach München kommen, wirst du ganz viel Zeit für uns haben«, erläutert mir meine Tante.

»Habt ihr etwa auch schon mit ihm besprochen, was er kochen soll?«, frage ich völlig verdutzt.

»Er wird dir Gerichte aus der Antike, die Leibspeisen der Götter, vorschlagen. Eigentlich ist Teseo studierter Mathematiker und wissenschaftlicher Assistent an der TU in München, aber eben auch ein leidenschaftlicher Erforscher der Antike sowie ein ausgezeichneter Koch traditioneller griechischer und römischer Spezialitäten.«

Und dann steht also Teseo tatsächlich vor meiner Tür – ein sehr sympathischer junger Mann mit italienischem Akzent, leuchtenden schwarzen Augen und dichten braunen Haarlocken. Übrigens, sein Name stammt direkt aus der antiken Mythologie: Theseus! Der Held, der den Minotaurus besiegte und mithilfe des Fadens von Ariadne wieder aus dem Labyrinth herausfand. Mein Teseo jedenfalls, der talentierte Koch, schlägt mir gleich ein ganzes Menü vor: in Honig glasierte Garnelen, mit Oliven gefülltes Hähnchen und eine Süßigkeit, die man auf der Insel Delos für die Göttin Iris zubereitete. »Dieses Rezept steht im römischen Kochbuch von Apicius, das aus der Zeit um 400 nach Christus stammt«, klärt mich Teseo auf, der übrigens auch Römer ist. Er zieht mich sofort in seinen Bann, da er die Eleganz der Römer mit dem Sinn für Ästhetik der Griechen vereint. Die Rezepte, die er mit mir bespricht, klingen wirklich verheißungsvoll. Bei so vielen leckeren Zutaten und Gewürzen wird es mir heute Abend bestimmt besser gehen als den Göttern selbst!

DIE ANTIKEN REZEPTE
(alle für vier Personen)

THUNFISCH MIT MANGOLD UND KICHERERBSEN

Zutaten:

4 Thunfischsteaks, ca. 2 cm dick • 40 ml Essig • Olivenöl zum Anbraten • 2 große Zwiebeln, klein gehackt • 500 g Mangold • 2 Äpfel, klein gehackt • 150 g Kichererbsen • 1 Bund Dill

Zubereitung:

Die Thunfischsteaks in einen Teller mit Wasser und etwas Essig legen, damit sich die Poren schließen. Nach 1 Stunde herausnehmen, kurz abspülen und in einer Pfanne mit gutem, heißem Olivenöl braten. Aufpassen – das Öl darf nicht brutzeln! Ganz behutsam und nur 2 Minuten auf jeder Seite braten. Die Thunfischsteaks müssen innen rosa bleiben, nur so schmecken sie gut.

In einer anderen Pfanne die klein gehackten Zwiebeln, die Mangoldstiele und die klein gehackten Äpfel glasig anbraten.

Zum Schluss ein paar Löffel Kichererbsen hinzugeben. Die Kichererbsen entweder fertig aus der Dose nehmen oder wie folgt vorkochen: Über Nacht in Wasser einweichen und dann mit einer klein gehackten Zwiebel kochen.

Die Kichererbsen können ruhig etwas hart sein, in der Antike hat man sie auch hart gegessen. Man kann noch ½ TL Soda in den Topf mit den Kichererbsen geben, wenn sie zu hart bleiben.

Dann noch den grob gehackten Dill in die Pfanne geben. Den Mangold mit den Kichererbsen als Beilage zu den Thunfischsteaks servieren.

GARNELEN IN HONIG GLASIERT

Zutaten:

225 g TK-Garnelen • 1 EL Olivenöl • 2 EL Fischsoße • 1 EL klarer Honig • 2 TL fein gehackter Oregano • frisch gemahlener schwarzer Pfeffer

Zubereitung:

Die tiefgefrorenen Garnelen ganz auftauen und abtropfen lassen. Das Öl, die Fischsoße und den Honig in einen Topf geben, die Garnelen hinzufügen und 5 bis 6 Minuten sautieren, bis sie weich sind. Mit einem Schaumlöffel herausnehmen und warm halten. Die Flüssigkeit auf die Hälfte einkochen lassen, dann die Soße mit Oregano abschmecken und über die Garnelen gießen. Gemahlenen Pfeffer darüberstreuen und mit einem einfachen Salat servieren.

HÄHNCHEN GEFÜLLT MIT OLIVEN

Zutaten:

170 g schwarze Oliven, entsteint • 1 kleines frisches Hähnchen • 2 Lorbeerblätter • 10 schwarze Pfefferkörner • Salz • 1 große Zwiebel • 1 Karotte • 1 Stange Sellerie • etwas Mehl

Zubereitung:

Die Oliven in grobe Stücke schneiden und das Hähnchen damit füllen. Den Bauch mit einem feinen Küchenzwirn oder einem Baumwollfaden zunähen. Das Huhn in einen Topf mit warmem Wasser legen; es sollte bis zur Mitte im Wasser liegen. Die Lorbeerblätter, die Pfefferkörner, etwas Salz und das in Stücke geschnittene Gemüse dazugeben. Zum Kochen bringen und 1 ½ Stunden auf niedriger Stufe köcheln lassen, bis das Hähnchen weich ist. Nachdem es etwas abgekühlt ist, die Oliven entfernen, das Fleisch zerteilen und die Stücke auf einem Teller arrangieren. Die Soße mit etwas Mehl binden. Beides mit wildem Reis servieren.

DELISCHE SÜSSIGKEITEN

Zutaten:

170 ml Wasser • 60 g Mehl • 300–400 ml Olivenöl • 3–4 EL Honig • Mohn- oder Sesamsamen zum Bestreuen • frisch gemahlener schwarzer Pfeffer

Zubereitung:

Das Wasser zum Kochen bringen, das Mehl dazugeben und alles mit dem Schneebesen kräftig schlagen.

Wenn die Masse geschmeidig ist, diese auf einer großen Platte (Marmorplatte, wenn vorhanden) aufstreichen. Abkühlen, aber nicht ganz kalt werden lassen. Man muss den Teig in Würfel schneiden können, die fest, aber nicht zu hart sind. Das Olivenöl in einem Topf erhitzen. Einen Würfel Teig hineinwerfen, um die Temperatur des Öls zu prüfen. Wenn der Teigwürfel aufsteigt und goldbraun wird, ist es heiß genug. 3 bis 4 Würfelchen gleichzeitig ins Öl geben und 3 bis 4 Minuten ausbacken, bis sie goldbraun sind. Auf Küchenpapier legen und, solange sie noch warm sind, mit Honig beträufeln. Mit Mohn oder Sesam bestreuen, etwas Pfeffer darübermahlen und gleich servieren.

EIN TANGO MIT DEM KOCH

Sie sind da – Tante Pinelopi aus Korfu und Tante Iphigenia aus Venedig. Morgen wollen sie mit mir auf einen der großen Münchner Faschingsbälle gehen. Sie haben sogar ihre eigenen Kostüme aus teuren, glänzenden Stoffen mitgebracht!

Unser Koch, Teseo, bekocht uns schon die ganze Woche. Er experimentiert mit traditionellen Rezepten, kauft ein, richtet alles her, weiht uns in seine Kochkünste ein und wir sind glücklich, dass wir die Faschingszeit zum ersten Mal ganz entspannt genießen können.

Bei einem unserer Gespräche meint Teseo plötzlich, dass er nicht nur unser *Mageiros*, sondern auch unser *Trapezopoiós* sei.

»Und was ist ein *Trapezopoiós*, bitte schön?«, fragen wir drei im Chor.

»Der *Trapezopoiós* war im Athen der Antike derjenige, der für die Gestaltung des Abends zuständig war, der Tische, Stühle und Bänke besorgte, wenn jene im Haus nicht reichten, und der die Tafeln mit Blumen und Kränzen schmückte«, klärt Teseo uns auf. Die Tanten und ich staunen sehr.

»Es gab aber noch einen Beruf im antiken Griechenland«, sagt Teseo, der sich, wie mir scheint, mit meinen Tanten sehr amüsiert. »Das war der *Gelotopoiós*. Er war für das Vergnügen zuständig und organisierte schöne Mädchen, die

Flöte spielten, Tänzerinnen und Gaukler. Und wenn ihr mich zum Faschingsball mitnehmt, dann werde ich euer *Gelotopoiós*. Übrigens liebe ich es, mit jungen und alten Mädchen Walzer zu tanzen!«, fügt er lächelnd hinzu.

Wir schauen uns an und meine Tanten sind begeistert.

»Ich verkleide mich als Minotaurus. Aber vorher habe ich noch viel zu tun«, sagt Teseo. »Ich will nämlich für morgen Vormittag Weißwürste zubereiten.«

»Weißwürste???«

»Ja, im Fasching isst man doch Weißwürste, oder?«

»Ja, aber was haben Weißwürste denn mit der Antike zu tun?«

»Die hat man auch damals schon gegessen. Was habt ihr denn gedacht? Dass es sie nur in Bayern gibt? Nein, Weißwürste gab es früher überall. Das Rezept steht im Buch des großen römischen Kochs Apicius. Das Schwierigste dabei ist, die Wurstdärme zu bekommen; deshalb gehe ich morgen ganz früh zur Großmarkthalle.«

Dann erklärt uns Teseo genauer, was man alles für die Wurstfülle braucht: geschälte Weizenkörner, Lauch, Schweinehackfleisch, Liebstöckel, Pfefferkörner, Eier, Pinienkerne und zur Abrundung etwas Fischsoße.

Tante Pinelopi schreit auf, weil sie schon wieder eine Idee hat: »Was haltet ihr davon, wenn wir diese Weißwürste im großen Stil vertreiben?« Ihr Unternehmergeist ist wieder geweckt. »Solche Weißwürste gibt es in Bayern noch nicht. Ist das nicht eine geniale Idee?«

Am Abend kommt Teseo tatsächlich als Minotaurus. Wir sind natürlich auch schon verkleidet: Tante Iphigenia als weiblicher Poseidon, mit einem Dreizack in der Hand und einem Korb voller Muscheln und Fische – nein, nein, keine echten Fische –, in einem langen Kleid aus hellblauer Seide. Tante Pinelopi geht als Pallas Athene, mit Helm, Speer und Schild. Ein altes Ziegenfell, das sonst als Bettvorleger dient, hat sie mit goldener Farbe bemalt und an ihrer Brust befestigt. Ich trage schwarze Unterwäsche, darüber feine silberne Fischernetze und viele lange Fischketten; an meinen Ohren baumeln Fischohrringe. Ich glaube, das sieht ziemlich sexy aus, denn Teseo guckt etwas überrascht, als er mich so sieht.

Dann ziehen meine abenteuerlustigen Tanten, unser knackiger Begleiter und ich los und kommen erst in den Morgenstunden des Aschermittwochs wieder zurück. Teseo legt in dieser lustigen Nacht oft seinen Arm um meine Schulter oder führt mich an der Hand zur Bar. Er bestellt Tequila, gibt mir von seinem Glas zu trinken. Dann tanzt er mit Tante Iphigenia einen Walzer, mit Tante Pinelopi eine Rumba und mit mir einen langen feurigen Tango. Ich glaube, meine Tanten tuscheln viel miteinander und schauen oft zu uns hinüber.

Was danach passiert, weiß ich sowieso nicht mehr ganz genau. Ich bin ziemlich beschwipst. Meine Tanten auch. Als wir schließlich in der Morgendämmerung mit einem Taxi nach Hause fahren wollen, ist uns Teseo plötzlich abhandengekommen.

»Wo ist er denn? Hicks! Du hast doch länger mit ihm getanzt, hicks! Hat er dir gesagt, wohin er gehen wollte?«, fragt Tante Iphigenia, die auch nicht mehr so klar denken kann. Wir setzen uns in das erste Taxi und es fährt los.

»Hat er sich eigentlich von uns verabschiedet?«, fragt Tante Pinelopi, bei der ich mich frage, wie sie aus dem Taxi wieder herauskommen will.

»Ja, Pinelopi, er hat sich mit einem langen Kuss von unserer Eleana verabschiedet. Frag nicht so dumm herum. Oder wolltest du auch einen Kuss?«, sagt Tante Iphigenia und lacht.

Als wir zu Hause sind, ziehen sich die Damen sofort in ihre Zimmer zurück. Tante Iphigenia, die sich ein Glas Wasser aus der Küche holt, sagt nur: »In der Küche hat schon mal jemand die Suppe aufgewärmt, hicks! Unser Trapez … Trapezzzopoiós hat für uns vorgesorgt, hicks!«

»Ich will keine Suppe«, ruft Tante Pinelopi, »und ich will mir auch nicht die Zähne putzen!«, und dann fällt sie schon mit dem Ziegenfell, dem Speer und dem Helm in ihr Bett.

Am nächsten Morgen, als ich aus meinem Schlafzimmer komme, sitzen die alten Damen ganz still im Wohnzimmer, hören leise Musik, lesen oder starren einfach nur vor sich hin. Sie scheinen völlig fertig zu sein.

»Na, was ist denn mit euch los? Habt ihr etwa eure Stimme verloren?«, frage ich und amüsiere mich köstlich.

»Uns geht es richtig schlecht! Wir haben viel zu viel gegessen und viel zu viel getrunken«, krächzt Tante Pinelopi.

»Wann habt ihr denn etwas gegessen?«

»Na jaaa«, beginnt Tante Pinelopi, »als du mit unserem Koch getanzt hast, sind wir zum Büfett gegangen und haben erst einmal ein paar Krapfen vertilgt, später haben wir Weißwürste gegessen und so um Mitternacht haben wir dann Lust auf ein knuspriges Spanferkel bekommen. Nachdem wir so viel getanzt hatten, wurde uns noch eine Scheibe Zwiebelrostbraten mit gewickelten Speckböhnchen und knusprigen Röstkartoffeln angeboten – sollten wir da etwa Nein sagen? Das hat wirklich einmalig geschmeckt!«

»Ja, genauso gut wie der Zwiebelrostbraten meiner Oma Zacharoula in Istanbul«, unterbricht sie Tante Iphigenia. »Dass der bayerische und der Istanbuler Rostbraten ähnlich gut sind, hätte ich nicht gedacht! Aber das Schlimmste, liebe Nichte, war, dass wir in den ersten Morgenstunden einen ofenfrischen Kaiserschmarrn mit Zwetschgen, Mandeln und Apfelmus verschlungen haben. Das hat uns endgültig den Rest gegeben!«

»Liebe Tanten, hat euch denn jede Vernunft verlassen? Das alles kann ja nicht einmal ein junger Mensch verkraften!«

Sie schauen mich traurig und leidend an wie zwei kleine Mädchen.

»Schrei bitte nicht so! Wir haben schreckliche Kopfschmerzen und außerdem hatten wir ja keinen Teseo, der uns tröstet!«

»Was wollt ihr damit sagen?«

»Nichts! Wir meinen bloß«, flüstert Tante Pinelopi.

»… und dass es im Badezimmer heute Morgen nach Teseo geduftet hat …«, flüstert jetzt Tante Iphigenia und kichert.

Ich schmunzle. »Also, liebe Tanten, ihr habt es gestern Nacht offensichtlich völlig übertrieben! Soll ich euch etwas Magenberuhigendes machen? Eine Hühnersuppe zum Beispiel?«

»Nein, nein, liebe Eleana, wir fasten!«, kündigt Tante Pinelopi an.

»Das ist eine sehr gute Idee«, sagt Teseo, der gerade aus meinem Schlafzimmer kommt und sich über die zerzausten Locken fährt. »Ihr fastet, wie es die Tradition will, bis Ostern. Und zwar so, wie es die Menschen der Antike am Mittelmeer machten«, fügt er hinzu. »Ab heute gibt es nur noch gekochten Kohl und andere Gemüsesorten, und zwar bis zum Karsamstag, ganze vierzig Tage lang!«

Tante Pinelopi geht sofort auf seinen Vorschlag ein: »Wir fahren ja in ein paar Tagen zurück. Du kannst uns aber ein paar Tipps geben und bei unserer Eleana bleiben, um bis Ostern für sie zu kochen. Einverstanden?«

Teseo vermeidet geschickt eine Antwort, er sagt nur: »Heute mache ich euch gekochten Kohl, wie ihn die alten Ägypter zubereiteten, bevor sie mit dem Weintrinken begannen oder danach. Und die alten Athener aßen auch gekochten Kohl, wenn sie Kopfschmerzen hatten, um besser zu schlafen. Kohl hat nämlich reinigende Kräfte.«

»Aber du hast bestimmt nicht gewusst«, erklärt Tante Pinelopi, die ihre Kopfschmerzen vergessen zu haben scheint, »dass das Fasten in der Antike eine allgemein übliche Methode war, um sich innerlich zu sammeln. Der griechische Gelehrte Pythagoras ließ seine Schüler vierzig Tage lang fasten, um ihren Verstand zu schärfen. Und da wir auch unseren Verstand schärfen wollen, werden wir heute nur Kohlsalat essen …«

»… wenn auch vielleicht mit gekochten Kohlrabistücken, Karotten, Walnüssen und Pflaumen angereichert«, ergänzt Tante Iphigenia, »denn auf einmal so weise und rein zu werden, das wäre, liebe Cousine, dann doch zu viel des Guten!«

Ich habe mich inzwischen wieder ins Bett gelegt und das Gespräch der drei durch die halboffene Schlafzimmertür verfolgt. Migräne habe ich zwar keine, aber ich bin völlig durcheinander. Ich denke an die vergangene Nacht, die Nacht mit Teseo. Sie hat mich überwältigt; dieser Mann ist zärtlich, fürsorglich und witzig. Nichts lässt er tierisch ernst werden, auch dann nicht, als wir kurz unsere Gefühle zu deuten versuchten. Und? Bin ich jetzt verliebt? Nein! Verliebtheit lasse ich nicht zu. »Es ist Zeit für mich zu gehen«, höre ich ihn draußen zu meinen Tanten sagen. Und ich spüre mein Herz springen. Nein, eigentlich will ich nicht, dass er so schnell geht. Ich stehe auf und gehe ins Wohnzimmer. Er kommt auf mich zu, umarmt mich, küsst mich etwas flüchtig, drückt aber bedeutungsvoll meine Hand, und … er habe etwas an der Uni zu erledigen, er werde tags darauf am Nachmittag kommen, um uns mit den Koffern zum Bahnhof zu begleiten, sagt er und schließt hinter sich die Wohnungstür.

WEISSWÜRSTE AUS DER GRIECHISCH-RÖMISCHEN ANTIKE

Zutaten:

Ca. 40–50 cm füllfertige Schweinedärme • 2 EL geschälte Weizenkörner • 1 fein geschnittene Lauchstange (nur der weiße, weiche Teil) • 340 g gehackter Schweinebauch • 1 TL schwarze Pfefferkörner • ½ TL gemahlener schwarzer Pfeffer • 2 TL klein geschnittener frischer Liebstöckel oder grüner Sellerie • 2 hart gekochte Eier • 2 EL Pinienkerne • 2 EL Fischsoße

Zubereitung:

Die Schweinedärme auskochen und die Weizenkörner mit dem Lauch in die Brühe geben. Ein fettes Stück Schweinebauch sehr klein hacken, die Pfefferkörner, den gemahlenen Pfeffer, den Liebstöckel (oder Sellerie), die hart gekochten Eier und die Pinienkerne hinzufügen. Alles gut zerdrücken und vermengen und die Fischsoße dazugeben. Man kann die Zutaten auch durch den Fleischwolf drehen oder im Mixer fein pürieren.

Die Därme mit der Mischung füllen und zu einer Spirale aufdrehen. Die Würste in einen Topf mit kaltem Wasser legen und bei 80° C 20 Minuten ziehen lassen.

Üblicherweise wurden die Weißwürste in der Antike mit Suppen aus Getreide oder Hülsenfrüchten serviert.

KOHL UND KOHLRABI, WALNÜSSE UND GETROCKNETE PFLAUMEN MIT ZITRONENSAFT

Zutaten:
1 kleiner Kohlkopf • 1 Kohlrabi • 2 Karotten • 3 EL fein gehackte Petersilie • Saft von 1–2 Zitronen • 20–30 ml Olivenöl • 80 g grob gemahlene Walnüsse • 100 g klein geschnittene getrocknete Pflaumen

Zubereitung:
Den Kohlkopf fein reiben und die geriebenen Stücke 5 Minuten in einem Topf mit Salzwasser kochen. Abseihen. Der geriebene Kohl ist nun etwas weicher, hat aber noch immer Biss. In eine große Salatschüssel geben. Den Kohlrabi in Stücke und die Karotten in Scheiben schneiden. Beides in Salzwasser 15 Minuten kochen und mit der Petersilie zum geriebenen Kohl geben. Dann den Zitronensaft, etwas Olivenöl, die Walnüsse und die Pflaumen darübergeben.

KEINE TANTEN, EIN KOCH, ZWEI FORELLEN

Gestern haben Tante Iphigenia und Tante Pinelopi den Zug nach Venedig genommen. Von dort fährt Tante Pinelopi dann mit der Fähre nach Korfu. Vor ihrer Abreise legen wir einen gemeinsamen Schwur ab, dass wir bis zur Osterzeit fasten. Das heißt, es gibt kein Fleisch und keine Wurstwaren. Auch Fisch ist in der Fastenzeit nicht erlaubt, sondern nur Krustentiere. Ein bisschen Fisch essen wir schon, aber hauptsächlich Gemüse, Getreide und Hülsenfrüchte, die auch in der Antike eine große Rolle spielten. Selbst die Nymphen der Wälder und Flüsse machten diese Reinigung einmal im Jahr durch, wie meine Tanten sagen.

Bevor sie also wegfahren, stocken Tante Iphigenia und Tante Pinelopi meinen Kühlschrank mit Gemüse auf. Sie betonen, dass jede einzelne Gemüsesorte, die sie für mich eingekauft haben, schon vor zweieinhalbtausend Jahren im Mittelmeerraum gegessen wurde. Und – sie hinterlassen mir Listen und Notizen: »Broccoli: antikes Gemüse, besonders reich an Mineralstoffen. Zubereitung: …« Oder etwa: »Selleriewurzel: Daraus kannst Du einen feinen Brei zubereiten. Heute denkt man, das Pürieren sei eine Erfindung der französischen Küche des 18. Jahrhunderts. Aber sowohl die Griechen der Antike als auch die Römer haben schon Gemüse püriert – im Mörser. Du hast natürlich den Pürierstab. Das Selleriepüree kannst Du mit Datteln und Honig würzen und zu frischen Forellen in Kräutersoße servieren.«

Am Nachmittag bringen Teseo und ich meine Tanten zum Bahnhof, dann gehen wir Kaffee trinken, plaudern, als wäre nichts gewesen, und verabschieden uns herzlich. Ich wünsche ihm viel Glück bei den Prüfungen und er mir beim Schreiben meiner Geschichten.

Zu Hause genieße ich die Ruhe in meiner Wohnung. Niemand, der ständig redet, der etwas trinken will, etwas aufräumt oder mit neuen Ideen über das Kochen in der Antike kommt. Ich schaue etwas fern und gehe früh ins Bett.

Doch heute Morgen, als ich hinter einem Kissen einen Zipfel mit bunten Tupfen erspähe – Tante Iphigenia hat ihren Seidenschal vergessen –, sehne ich mich plötzlich nach ihrer Stimme.

Ich erinnere mich an ihre Notiz über Forellen in Kräutersoße und greife zum Telefon: »Tante Iphigenia, ich habe noch nie Forellen gemacht.«

»Das ist ganz einfach«, beruhigt sie mich. »Die Forellen sind übrigens auch in deinem Kühlschrank!«

Ich lege den Hörer auf und schüttle über mich den Kopf. Meine Tanten sind kaum weg, ich habe mich über die Ruhe gefreut, wollte heute eigentlich einmal gar nichts kochen und schon bin ich wieder dabei! Jetzt klingelt auch noch das Telefon! Bestimmt ist eine von beiden dran. Ich nehme den Hörer ab … Es ist Teseo! Nach den ersten zögernden Worten, wie hast du geschlafen und so, erzähle ich ihm von meinem Vorhaben, mir heute Forellen in Kräutersoße zu machen.

»Du musst unbedingt noch Kartoffeln dazu kochen«, meint er. »Lädst du mich eigentlich auch zum Essen ein? Darf ich kommen und für dich kochen? Ich kenne mich mit Forellen in Kräutersoße sehr gut aus. Und … die Kartoffeln koche ich auch perfekt!«, witzelt er. »Außerdem, du weißt ja, habe ich den Auftrag, dich bis zum Osterfest zu bekochen. Das bedeutet, dass ich die Zeit bis zum Einreichen meiner Doktorarbeit mit dem Geld deiner Tanten gut finanzieren kann. Und dabei öfters mit dir essen kann!«

Wir lachen. Er sagt es einfach so nebenbei und charmant, dass ich keine Angst bekomme, mich zu etwas verpflichten oder gar binden zu müssen. Im Gegenteil, ich freue mich auf seinen Besuch und warte ungeduldig. Das Telefon klingelt wieder – wie auch anders: Tante Iphigenia aus Venedig! Sie will mir nur sagen, dass ich zu den Forellen auch noch Kartoffeln kochen könnte.

»Teseo ist der gleichen Meinung, liebe Tante. Deswegen kommt er gleich zu mir und kocht mir die Kartoffeln.«

»Esst sie aber nicht zu heiß, die Kartoffeln, und … verliere bei ihm nicht den Faden!«, neckt sie mich.

»Tante! Ich bin doch nicht Ariadne!«

»Ich lasse dich jetzt in Ruhe, damit du dich noch schnell schminken kannst!«, und bevor ich etwas sagen kann, hat sie schon aufgelegt.

SELLERIEPÜREE

ZUTATEN FÜR 2 PERSONEN:
1 Selleriewurzel • 1 TL Oregano • 2–3 EL Olivenöl • 3 EL Weißwein • 5 getrocknete Datteln • 1 TL Honig • Salz, Pfeffer

ZUBEREITUNG:
Die Selleriewurzel in grobe Stücke schneiden und in Salzwasser kochen. Die Stücke mit getrocknetem Oregano, Öl und Wein vermischen und zerstampfen bzw. mit dem Pürierstab pürieren.

Die Datteln entkernen, die Haut entfernen und das Fruchtfleisch mit der Gabel zerdrücken. Mit dem Selleriepüree vermischen, den Honig hinzufügen und nach Geschmack salzen und pfeffern.

FORELLEN IN KRÄUTERSOSSE

Zutaten für 2 Personen:
2 Forellen • 3 Frühlingszwiebeln • 1 Bund gemischte Kräuter (Petersilie, Melisse, Rosmarin) • 2 Lorbeerblätter • ½ EL Estragon • 1 TL Selleriesalz • Salz, Pfeffer • Saft von 2 Zitronen • 60 ml Olivenöl

Zubereitung:
Die Forellen von innen und außen waschen und mit Küchenpapier abtrocknen.

Die Frühlingszwiebeln und die Kräuter klein hacken, mit den Lorbeerblättern, etwas Estragon, Selleriesalz, Salz und Pfeffer mischen. Zusammen mit dem Zitronensaft, etwas Olivenöl und ca. 600 ml Wasser in eine große Pfanne oder einen geeigneten Fischtopf geben. Alles aufkochen, dann ca. ¼ Stunde ziehen lassen. Den Sud noch einmal erhitzen, die Hitze reduzieren, die Forellen ganz behutsam hineinlegen und in 12 bis 15 Minuten gar werden lassen.

FRÜHLING

KLATSCHTANTE UND KÜNSTLERIN AFRODITI

»Was höre ich da?«, sagt Tante Afroditi am Telefon.

»Was denn?«

»Eine neue Romanze bahnt sich an? Es gibt da einen Mann, der für dich kochen will? Phantastisch! Das könnte ich auch brauchen – einen Mann, der neuen Schwung in meine spanische Taverne bringt!«

»Also wirklich! Ihr seid nicht nur meine Tanten, sondern auch meine Klatschtanten! Hat Tante Iphigenia etwa schon alles ausgeplaudert? Obwohl, was heißt alles, da ist ja nichts – jedenfalls noch nichts! Könnte aber vielleicht noch was werden.«

»Spaß beiseite, das freut mich sehr! Ich höre, der junge Mann ist nett und gebildet. Mach dir keine Gedanken, dass er vielleicht ein bisschen jünger ist. Sieben Jahre, das ist gar nichts! Und die Zahl Sieben bringt Glück!«

»Tante, können wir bitte das Thema wechseln? Warum hast du eigentlich angerufen?«

Tante Afroditi erzählt mir, dass ihre Taverne in Cazorla seit Ende Januar renoviert wurde. Jetzt seien die Bauarbeiten gerade beendet. Das Lokal bleibe aber geschlossen.

Denn sie habe den Plan gefasst, für einige Wochen zu mir nach München zu kommen, bevor nach den Ostertagen die Wiedereröffnung gefeiert werden soll.

»Savina bleibt in Granada, damit sie in der Nähe der Uni ist. Sie schreibt gerade ihre Diplomarbeit«, informiert mich meine Tante. Ich freue mich sehr auf sie, denn ich habe sie seit Weihnachten, als wir uns alle in Venedig getroffen haben, nicht mehr gesehen.

Aber nun muss ich unbedingt etwas über Tante Afroditi, unsere Wahlspanierin, erzählen. Die Geschichte begann Ende der Sechzigerjahre: Da ließ sich meine Tante mit einer Gruppe deutscher Aussteiger-Hippies in Jaén nieder, einer bergigen Region in Andalusien. In unserer Familie sagt man, dass Tante Afroditi schon immer gerne zu weit ging. Als sie das Österreichische Gymnasium in Istanbul abgeschlossen hatte, kündigte sie an, dass sie in Berlin Architektur studieren wolle. Dass sie kurz vor dem Abschluss ihres Studiums mit einem Sänger samt seiner Hippie-Band nach Spanien durchbrennen würde, das ahnte da noch keiner. Plötzlich war Afroditi einfach weg! Nach drei Monaten rief sie aus Spanien an, ihr gehe es gut dort und sie habe vor zu bleiben.

In den Bergen von Jaén setzte sie ihr Architekturstudium in die Praxis um: Sie baute ein verfallenes Steinhaus wieder auf und kaufte sich einen Esel, Hühner und Schafe. Für ihren Lebensunterhalt sammelte sie Lavendel und füllte damit selbst genähte Säckchen, knüpfte kleine Teppiche und zeigte den Spanierinnen, wie man Moussaka und Zaziki zubereitet. Was aus dem Hippie-Sänger geworden ist? Er fuhr weiter nach Marokko, während Afroditi auf ihrem spanischen Berg zurückblieb – mit einem Baby im Bauch. Die anderen Tanten waren ganz entzückt, sie waren sicher, dass Afroditi jetzt zurückkehren würde und die ganze Familie dann ein süßes kleines Baby hätte.

Aber Afroditi machte ihnen einen Strich durch die Rechnung. Sie hatte nämlich inzwischen einen Mutter-Kind-Kreis ins Leben gerufen, und die Frauen der Bergdörfer betreuten gemeinsam die Kinder. Das Einzige, um das Afroditi ihre Familie bat, waren Kunstbücher: Chagall, Kandinsky, Marc, Klee, Magritte, Picasso. Spätestens da dachten wir alle, sie würde jetzt völlig durchdrehen – dabei hatte Tante Afroditi schon immer gesponnen!

Da sie inzwischen gut Spanisch konnte, las sie ihrer kleinen Tochter Savina und den anderen Kindern Geschichten aus den Kunstbüchern vor. Was man aus Kunstbüchern über berühmte Maler vorlesen kann? Einfach alles! Afroditi interpretierte Formen und Farben, erfand Phantasiegeschichten und gab Rätsel auf zu den blauen Pferden von Franz Marc, zum Herrn mit dem Hut von Magritte und zum fliegenden Brautpaar von Chagall.

Eines Tages ließ sie die Kinder Bilder aus Kräutern zusammenstellen. Dann andere Bilder aus verschiedenen Makkaronisorten, Hülsenfrüchten und Weizenkörnern – im Laufe der Zeit diente so ziemlich alles, was sie in ihren Vorratsschränken hatte, als Bildmaterial. Schon bald organisierte sie eine Ausstellung im Rathaus der nahen Stadt Cazorla. Der Erfolg war riesig. Daraufhin verkaufte Tante Afroditi den Esel, die Hühner und die Schafe und löste ihre Vorräte an Lavendelsäckchen und Teppichen auf – Tante Iphigenia, Tante Pinelopi und Tante Ourania waren ihre besten Kundinnen. Dann eröffnete sie in Cazorla ein kleines Restaurant mit angeschlossener Galerie. Die Auslage nutzte sie, um ihre kleinen Architekturwunder zu präsentieren: griechische Moussaka in verschiedenen Hochbauten, einen Eiffelturm aus Couscous, ganze Festungen aus Humus mit Oliven und Krabben – die Phantasie von Tante Afroditi kannte keine Grenzen.

Seitdem sind viele Jahre vergangen. Meine Cousine Savina studiert inzwischen Pädagogik und Kunst in Granada, und das Lokal meiner Tante ist heute in der ganzen Region bekannt. Vor allem für die leichte Moussaka-Version, die immer auf der Karte steht. Und da heute Samstag ist, will ich mein Glück vergrößern. Also bereite ich einen saftigen Moussaka-Turm zu und werde mich davon das ganze Wochenende ernähren.

MOUSSAKA, LEICHTE VARIANTE

Zutaten:
4 mittelgroße Kartoffeln • 3–4 Auberginen (ca. 350 g) • Salz • 1 große Zwiebel • 150 ml Olivenöl • 3–4 Zucchini (ca. 350 g) • 600 g Hackfleisch • 3 weiche, mittelgroße Tomaten • 1 TL fein gehackte Petersilie • 1 TL fein gehackte Minze • 1 klein gehackte Knoblauchzehe • 1 TL frischer Rosmarin • Pfeffer • 150 g geriebener Emmentaler

FÜR DIE BÉCHAMELSOSSE:
*3 EL Olivenöl • 3–4 EL Mehl • 1 l fettarme Milch •
2 Eier • Salz, Pfeffer • 1 Msp. Muskatnuss*

ZUBEREITUNG:
Die Kartoffeln schälen und in kochendem Wasser halbweich werden lassen. In der Zwischenzeit die Auberginen in fingerdicke Scheiben schneiden, salzen und 20 Minuten ziehen lassen.

Die Zwiebel klein schneiden und mit dem Hackfleisch in 50 ml heißem Olivenöl anbraten. Die Tomaten überbrühen, enthäuten, klein schneiden und dazugeben. Petersilie, Minze und Knoblauch einrühren. Zudecken und 45 Minuten köcheln lassen – eventuell ein bisschen Wasser hinzufügen.

Die Zucchini in Scheiben schneiden. Mit den Auberginenscheiben auf zwei eingeölte Backbleche legen, mit Olivenöl beträufeln und ins auf 180° C vorgeheizte Rohr schieben. Ca. 20 Minuten braten, dabei immer wieder sparsam mit dem restlichen Olivenöl beträufeln und leicht nachsalzen.

Die halbweichen Kartoffeln in fingerdicke Scheiben schneiden, in einer tiefen, eingeölten Backform verteilen, leicht salzen und pfeffern. Dann eine Lage fertig gebratener Auberginen darauf schichten. Darüber die fertige Hackfleischsoße gießen. Obendrauf kommt eine Lage mit den Zucchinischeiben (oder auch evtl. übrigen Auberginenscheiben). Darüber die fertige Béchamelsoße gießen, mit dem geriebenen Käse bestreuen und die Moussaka ca. 45 Minuten bei 200° C im Ofen backen.

Béchamelsosse:
Das Olivenöl in einem Topf erhitzen, 3–4 EL Mehl dazugeben und mit dem Schneebesen verrühren, bis die Masse als Ball am Schneebesen klebt. Den Herd auf die kleinste Stufe schalten. Die Milch nach und nach zugießen; dabei stets rühren, bis alles eine glatte Creme geworden ist. Man muss aufpassen, dass die Creme nicht am Boden festklebt und nicht zu dick, aber auch nicht zu dünn wird. Wenn sie so dick geworden ist, dass sie kaum noch fließt, die zwei Eier hineinschlagen, Salz, Pfeffer und Muskatnuss unterrühren. Die Béchamelcreme muss fast auf den Zucchinischeiben stehen und darf sie nicht überschwemmen.

Man kann Moussaka in vielen Variationen zubereiten, auch als noch leichtere Variante ohne Béchamelsoße. Hier streut man nur den geriebenen Käse über das Gemüse und übergießt alles auf dem Teller mit warmem Joghurt.

FRAUEN AN DIE MACHT

Als ich Tante Afroditi vom Flughafen abhole, sagt sie schon auf der Fahrt nach Hause, sie wisse über alles Bescheid.

»Worüber denn?«, frage ich verwundert. »Sag bloß nicht, du meinst schon wieder Teseo! Also ein für alle Mal: Er ist jung, kann gut kochen und ich mag ihn. Reicht dir das?«

»Über ihn wollte ich auch mit dir sprechen. Ich hoffe, ich werde ihn kennenlernen und auch die Ehre haben, mit ihm zu kochen. Aber ich meine euer Hobby, euch neuerdings mit den Nahrungsmitteln und Gerichten aus der Antike zu beschäftigen. Ich telefoniere oft mit Iphigenia und Pinelopi«, triumphiert sie, »und sie verraten mir jedes Mal eure neuesten Rezepte. Die probiere ich dann in meinem Restaurant aus – natürlich mit ein paar spanischen Einflüssen! Aber davon erzähle ich dir später und dann können wir uns gemeinsam neue Gerichte ausdenken!«

Zu Hause packt sie erst einmal einen spanischen Kuchen aus und kommt zu mir in die Küche, wo ich gerade Kaffee mache. »Sag mal, liebe Nichte«, hebt sie an, während sie zwei große Kuchenstücke abschneidet, »habt ihr euch eigentlich einmal Gedanken über die Stellung der Frau in der antiken griechischen Gesellschaft gemacht?«

Hier muss ich erwähnen, dass Tante Afroditi – trotz ihres Namens, der »die Meeresschaumgeborene« bedeutet – schon immer entschieden für die Emanzipation der Frau eingetreten ist. In den Siebzigerjahren, als sie in Berlin Architektur studierte, nahm sie an so ziemlich jeder Demonstration in Deutschland teil.

»Wie ist die Frau in der sogenannten Demokratie der Antike eigentlich aufgetreten?«, fährt meine Tante fort. »Gar nicht! Sie war nirgends zu sehen. Dabei hat sie bestimmt jeden Tag für die Familie gekocht! Weißt du, was das für eine Machogesellschaft war, diese Männerdemokratie im alten Athen? Perikles, Aristoteles, Platon und all die andern, die Mächtigen und die Philosophen – wo hatten die denn ihre Frauen versteckt? Warum haben sie nie ein Wort über sie geschrieben?«

Tante Afroditi ist jetzt richtig aufgebracht. »Weißt du eigentlich, dass sich die Frauen damals immer nur in den Frauengemächern des Hauses aufhalten durften? Dass sie sich nie auf der Agora, dem Marktplatz, blicken lassen konnten? Gänzlich unsichtbar waren sie! Im Andron, dem Esszimmer der Männer, fanden die Symposien statt, gesellige Abende mit Trinkritualen und geistigem Austausch. Doch Frauen aus ehrbaren Athener Familien kamen nie mit männlichen Gästen in Kontakt. Selbst bei gewöhnlichen Mahlzeiten aßen Mann und Frau nicht zusammen!«

»Aber es gab doch Flötenspielerinnen und Tänzerinnen, die zu den Gastmählern eingeladen wurden! Es gab auch starke Frauen, die in der Antike prominent waren, Aspasia zum Beispiel, die namensgleiche Urururgroßmutter meiner Mutter!«

»Das stimmt! Aber was ist mit den vielen anderen? Außerdem: Wusstest du, dass Aspasia Perikles sogar seine großen Reden schrieb? Und dass sie mit ihm nur in wilder Ehe lebte? Sie wurde als Hetäre, also eine, die den Männern ihre Dienste anbietet, verunglimpft, dabei war sie eine hochgebildete Frau und Philosophin. Später hat Aspasia gemeinsam mit Perikles für die Entwicklung und die Bildungsmöglichkeiten junger Mädchen in der Athener Gesellschaft gekämpft.«

»Jedenfalls hat die tapfere Aspasia ihrem Namen alle Ehre gemacht! Genau wie meine Mutter«, meine ich.

»Ja, deine Mutter war auch eine starke Frau. Sie war die stärkste von uns allen. Als dein Vater verschwand, hat sie es geschafft, sich mit ihrem Hutladen auf eigene Beine zu stellen!«

»Tante, kannst du mir eigentlich auch ein Frauenrezept aus der Antike nennen? Was kochten denn die Hetären, diese berühmten ›gewissen Damen‹?«

»Natürlich kann ich dir da etwas Schönes geben! Rote Bete galt als besonders erotisch und stimulierend, schon wegen der Farbe, der Form und des Geschmacks. Nach dem Kochen lässt sich die Haut der Frucht unter kaltem Wasser abreiben. Dabei muss man allerdings Handschuhe tragen, denn der rote Saft färbt stark ab. Auch die Lippen lassen sich damit färben.«

»Aber das Schminken war den Frauen im antiken Athen verboten, glaube ich. Ganz anders als in Ägypten, das weiß ich aus dem Archäologischen Museum in Kairo! Kleopatra war toll geschminkt, aber auch die Männer, Tutanchamun zum Beispiel. «

»Das ist wahr. Dort haben sie sich sogar die Hand- und Fußflächen mit dem Sud der Roten Bete gefärbt … und auch noch die Brustwarzen, damit sie erotischer aussehen!«, sagt Tante Afroditi.

»Dann her mit den erotischen Roten Beten!«

»Willst du nicht Teseo dazu einladen?«, fragt meine Tante. »Ich will deinen römischen Koch doch endlich auch mal kennenlernen und unsere Gerichte heute bieten sich doch an! Wie steht er eigentlich zu uns Frauen? Ich hoffe, er ist kein verzogener Macho!«

»Keine Sorge, Tante Afroditi! Und falls doch – das treibst du ihm bestimmt schnellstens aus!«

ROTE BETE MIT ERBSEN, WALNÜSSEN UND GERASPELTEM PARMESAN

Zutaten für 2 Personen:
200 g TK-Erbsen • Salz • 1 Msp. Muskatnuss • 3 Rote Bete • 150 g gehackte Walnüsse • 150 g geraspelter Parmesan

Für die Sosse:
3 EL Balsamico-Essig • 4 EL Olivenöl • 2 EL getrocknetes Basilikum • 2 EL Honig • 1 EL geriebene Zitronenschale • Salz, Pfeffer

Zubereitung:
Die tiefgekühlten Erbsen auftauen, kurz kochen lassen, mit Salz und Muskatnuss würzen. Die Rote Bete gründlich putzen, ohne die Haut zu verletzen, und danach 30 Minuten bei schwacher Hitze kochen oder in Alufolie im Backofen garen lassen (45 Minuten bei 150° C). Eine Soße aus Essig, Olivenöl, Basilikum, Honig, geriebener Zitronenschale, Salz und Pfeffer zubereiten. Die bissfesten Rote Bete in Scheiben schneiden und mit den fertigen Erbsen auf einem großen Teller anrichten. Gehackte Walnüsse und Parmesanraspeln darüberstreuen und mit der Soße servieren.

ROTE-BETE-DILL-ANCHOVIS-TATAR

Zutaten für 2 Personen:
2 gekochte Rote Bete • 1 kleines Glas Anchovis • 2 EL fein gehackter Dill

Für die Sosse:
25 ml Apfelessig • 40 ml Olivenöl • 1 EL Senf • ½ TL Salz • 1 Msp. Pfeffer

Zubereitung:
Alle Zutaten für die Soße vermischen. Die gekochten Rote Bete in Würfel schneiden, 4 Anchovis abspülen und klein hacken, den gehackten Dill und die Soße dazugeben, umrühren, fertig!

VERSTECKTE TÖPFE ZUM OSTERFEST

Tante Afroditi ist erst eine Woche in München, schon ruft Iphigenia an und schlägt vor, über die Ostertage nach Kreta zu fliegen. Denn Tante Pinelopis Freundin Katerina hat ein großes Haus in der Nähe von Iraklio und lädt uns alle ein. Natürlich sagen wir gleich zu. Denn das griechische Osterfest ist ein ganz besonderes Erlebnis! Ein Fest des Frühlings und der Wiedergeburt, und die Osterrituale mit der Karfreitagsprozession und das große Fest der Auferstehung erinnern an das antike Fest Anthestiria, das Fest der Blumen, mit der großen Prozession zu Ehren des Gottes Dionysos.

Als wir im Haus der Gastgeberin auf Kreta ankommen, führt uns Katerina sofort durch ihren Garten. Es ist tatsächlich das reinste Paradies: Die Zitronen- und Orangenbäume tragen Blüten und teilweise sogar schon Früchte, die zarten Artischocken, die Saubohnen und die Frühlingszwiebeln wachsen fast wild, die Oleanderbüsche haben kleine rosafarbene Knospen, in der Kräuterecke gedeihen üppig Salbei, Petersilie, Rosmarin, Majoran und Minze. Katerina kündigt an, dass das vierzigtägige Fasten erst am Karsamstag gebrochen wird, nach der Verkündigung der Auferstehung Christi in der Kirche. »Bis dahin essen wir nur Salate, Gemüse und Hülsenfrüchte – natürlich aus eigenem Anbau!«, sagt Katerina voller Stolz auf ihre Gartenprodukte.

Am Karfreitag errichtet Onkel Manfred mit den anderen Männern neben der Kirche einen hohen Scheiterhaufen für die symbolische Verbrennung des Judas, die am Karsamstag nach der Auferstehungsfeier stattfinden wird. Tante Iphigenia holt inzwischen Kräuter und Frühlingszwiebeln aus dem Garten, Tante Pinelopi hackt sie klein und Tante Afroditi entblättert mit dicken Arbeitshandschuhen die wilden Artischocken, die hart und dornig sind. Sie lässt nur die zarten Artischockenherzen übrig, die Katerina in Zitronenwasser taucht, damit sie nicht schwarz werden. Dann kommen sie in einen Topf und werden später mit den Frühlingszwiebeln und den Kartoffeln zubereitet. Ich räume ständig auf, fege den Boden und bringe Schalen, Blätter und Stängel zum Komposthaufen. Wenn so viele Familienmitglieder beisammen sind, muss eben jeder bei den Vorbereitungen mithelfen.

Abends bei der großen Karfreitagsprozession, in der das Heilige Grab Christi durch einen blumengeschmückten Baldachin symbolisiert wird, läuten die Kirchenglocken dumpf und traurig. Schweren Schrittes begleiten wir mit den anderen Gläubigen den sich langsam vorwärts bewegenden Trauerzug. Alle halten brennende Kerzen in den Händen – eine Atmosphäre voller Andacht und Mystik.

Doch auch die lebensnahen Überraschungen fehlen nicht: Plötzlich steht Katerinas Tante Chrysoula neben uns – mit einem großen Topf unter ihrem Mantel. In der anderen Hand hält sie eine brennende Kerze. »Ich habe kleine Dolmades für deine Gäste vorbereitet, perfekt fürs Fasten«, flüstert sie Katcrina zu und gibt ihr heimlich den Topf, der von einem Tuch bedeckt ist und sofort unter Katerinas Mantel wandert. Das alles geschieht so leise, dass niemand im großen Prozessionszug etwas merkt. Tanten und Cousinen wechseln bedeutungsschwangere Blicke, vor allem, als noch Schwägerin Persefoni zu uns stößt – und unter ihrer Jacke ebenfalls einen Topf versteckt hat. »Für deine Gäste!«, flüstert sie. Katerina beugt sich darüber: »Mmh, Artischocken in Zitronensoße!«

»Psst! Nicht so laut!«, ermahnt Persefoni sie und überlässt mir den in einen Kopfkissenbezug eingewickelten Topf.

Wie Schauspieler in einem antiken Drama kommen mir diese Frauen vor: Sie möchten lachen, sich fröhlich über das Essen austauschen, müssen aber eine traurige Miene bewahren, um die getragene Karfreitagsstimmung nicht zu zerstören.

In der Nacht des Karsamstags erreichen die wunderbaren Darstellungen ihren Höhepunkt, wenn der Priester in der Kirche kurz vor Mitternacht das Heilige Licht an die Gläubigen weitergibt und Punkt 24 Uhr die Auferstehung Christi verkündet. Die Glocken läuten wild, Judas' Scheiterhaufen wird angezündet und die Luft hallt wider von den allgegenwärtigen Knallern, mit denen die Wiedergeburt der Natur gefeiert wird.

Zu Hause zurück, tischt uns Katerina die traditionelle Ostersuppe auf, die Majiritsa: Sie besteht aus klein gehackten Lamminnereien, vielen Kräutern und einer intensiven Eier-Zitronen-Soße, und damit wird die lange Fastenzeit gebrochen.

Das obligatorische Osterlamm wird schon ganz früh am Ostersonntag auf den Spieß aufgezogen und dann den ganzen Vormittag über dem Kohlefeuer gedreht. Manche Familien schieben es aber auch einfach mit Zitronen, Kartoffeln und Thymian in den Backofen.

Giorgos, Katerinas Sohn, macht laute Musik an. Die Frauen decken die festliche Ostertafel und stellen nach und nach die zahlreichen Vorspeisen und Salate auf den Tisch. Immer wieder klingelt es an der Tür und jedes Mal kommen neue Verwandte mit Essen herein.

Ich entferne mich ein bisschen und spaziere durch den duftenden Garten. Ich liebe diese Stimmung, sie ruft Bilder meiner Kindheit hervor. Schade, dass Teseo nicht da ist. In letzter Zeit hat er sich zurückgezogen. Er muss an seiner Doktorarbeit schreiben, sagt er, und einen wissenschaftlichen Vortrag vorbereiten. Aber vielleicht ist es auch besser so. Wie hätte ich ihm meine Gefühle erklären können? Seine Kindheit in Italien ist eine ganz andere, wir haben keine gemeinsamen Bilder oder Klänge, die uns verbinden. Wie hat das bloß Tante Iphigenia mit Onkel Yusuf gemacht? Zwischen deren Kindheit gibt es noch mehr Unterschiede. Obwohl … sie verbindet Istanbul …

»Yusuf und ich haben uns bei einem griechischen Osterfest in Istanbul kennengelernt, im Stadtteil Yeniköy am Bosporus. Seitdem teilen wir die Erinnerung an dieses erste Osterfest – und jedes Jahr verlieben wir uns neu!«

Ich drehe mich um. Tante Iphigenia steht da, neben dem Zitronenbaum, in ihrem gelben Kleid, und hält eine Margerite in der Hand … Diese Tante kommt wirklich immer im genau richtigen Moment, sie hat den sechsten Sinn! Woher weiß sie, woran ich gerade denke? Sie kommt auf mich zu und steckt mir die Margerite ins Haar. Dann umarmt sie mich, drückt mich an sich und sagt: »Na, meine liebe Nichte hat wohl Sehnsüchte? Vielleicht nach einem jungen Mann?«

»Sehnsüchte nach einem Stück gegrillten Lammfleisch hat sie!«, lache ich und wir kehren zu den anderen zurück, die inzwischen im Reigen tanzen. Wir geben uns die Hände und tanzen mit.

DOLMADES (GEFÜLLTE WEINBLÄTTER)

Zutaten:

500 g Weinblätter aus dem Garten oder aus dem Glas (erhältlich im griechischen oder türkischen Feinkostgeschäft; frische Weinblätter schmecken besonders gut) • 5 Frühlingszwiebeln • 2 Zwiebeln • 1 Knoblauchzehe, klein gehackt • 500 g Mangold • 1 Bund Minze • 1 Bund Dill • 50 g Pinienkerne • 80 ml Olivenöl • etwa 500 g langkörniger Reis • Saft einer Zitrone • 1 l Brühe • Salz, Pfeffer

Zubereitung:

Die Weinblätter abwaschen und kurz mit heißem Wasser überbrühen. Die Frühlingszwiebeln, die Zwiebeln, den Knoblauch, den Mangold, die Minze und den Dill klein hacken. In einem Topf mit den Pinienkernen und 3 EL Öl dünsten lassen. Den Reis, Salz und Pfeffer hinzufügen, umrühren. Die Weinblätter mit der glatten Seite nach unten auf eine feste Unterlage legen, die Reisfüllung mit einem Löffel daraufgeben, das Weinblatt falten und locker aufrollen. Die gefüllten Weinblätter eng nebeneinander in einen Topf legen. Das restliche Öl, den Zitronensaft und ca. 1 Liter Brühe dazugeben.

Die Dolmades stabilisiert man im Topf, indem man einen umgestülpten Teller darauflegt. Dann den Topf mit dem Deckel verschließen und ca. 45 Minuten bei schwacher Hitze köcheln lassen. Mit Joghurt oder Zaziki servieren.

ARTISCHOCKEN À LA POLITA (NACH ISTANBULER ART)

Zutaten:
8 mittelgroße Artischocken • Zitronenwasser • etwas Mehl • 80 ml Olivenöl • 2 Frühlingszwiebeln • 2 Zwiebeln • 2 Karotten • 2 große geviertelte Kartoffeln • Salz, Pfeffer • etwas Zucker • 100 g Erbsen • 150 g Dill

Eier-Zitronen-Sosse
2 Eier • Saft von 2 Zitronen • Salz, Pfeffer

Zubereitung:
Die Artischocken von den harten Blättern und Härchen befreien. Abwaschen und kurz in Zitronenwasser legen, anschließend mit Mehl bestreuen, damit sie nicht dunkel werden. Olivenöl in einem weiten Topf erhitzen, die klein gehackten Frühlingszwiebeln und Zwiebeln, die Karotten und die geviertelten Kartoffeln kurz darin anbraten. Die Artischocken hineinlegen, Salz, Pfeffer und etwas Zucker zugeben. Den Topf bis zur halben Höhe der Artischocken mit Wasser füllen und alles ca. 30 Minuten kochen lassen. Nach 20 Minuten die Erbsen und die Hälfte des Dills hinzufügen. Wenn die Artischocken, die Karotten und die Kartoffeln weich sind, den Topf vom Herd nehmen.

Für die Eier-Zitronen-Soße die Eier in einer Schale aufschlagen, den Zitronensaft hinzugeben und einige Löffel des warmen Artischockensuds untermischen, während man weiterschlägt. So lässt sich vermeiden, dass die Eier der plötzlichen Wärme wegen stocken. Am leichtesten ist es, wenn eine weitere Person dabei mithilft. Anschließend die Zitronensoße langsam zurück in den Topf mit den Artischocken gießen. Ganz zum Schluss kommt noch der restliche Dill hinzu.

EROS UND THANATOS ODER HÜTER DES SCHLAFES UND BALSAM FÜR DIE TRÄUME

Zurück in München ordne ich meine Rezepte und mache mir Notizen zu den Gerichten, die wir auf Kreta gekostet haben. Tante Afroditi zögert ihre Rückreise nach Spanien hinaus, weil sie München so schön und gemütlich findet, wie sie sagt. Heute Morgen, immer noch in ihrem geblümten Schlafanzug, macht sie ihren Laptop an und als sie die E-Mail ihrer Tochter Savina liest, wird sie blass. »Ich muss sofort zurückfliegen!«, ruft sie.

»Was ist denn los?«, frage ich beunruhigt.

»Stell dir vor«, erklärt sie aufgeregt, »Savina überlegt, alles hinzuschmeißen!«

»Was meinst du damit?«

»Na ja, ihre Diplomarbeit. Sie ist in der letzten Etappe und plötzlich kann sie nicht mehr. Sie sei mit den Nerven fertig, habe keine Ruhe, könne nicht schlafen! Jetzt möchte sie Schlaftabletten nehmen! Das geht doch nicht, oder? Kurz vor Schluss schlappmachen und auch noch Drogen nehmen? Sie braucht Hilfe. Ich schreibe ihr jetzt eine E-Mail und rufe sie später an.«

Ich nehme meine Tante in den Arm. »Liebe Tante, einmal Schlaftabletten nehmen, das sind nicht gleich Drogen! Savina ist kein Kind mehr. Das ist ihr zweites Studium und sie kann sich einfach Zeit lassen. Du dir auch übrigens. Leg dich aufs Sofa und entspann dich, bis ich zurückkomme. Du hast eben so hohe Ansprüche, dass Savina dich einfach nicht enttäuschen möchte! So, ich gehe jetzt einkaufen.«

»Na gut. Dann kauf doch bitte Honig! Und eine Sellerieknolle, Knoblauch, einen guten Balsamico-Essig und zwei Kabeljau- oder andere Fischfilets. Sellerie und Knoblauch wirken entspannend. Ich werde später kochen.«

»Siehst du? Schon hast du alles perfekt geplant, wie immer. Wie soll deine Tochter da keine Angst vor Misserfolg haben?«

Sie schaut mich perplex an und sagt nichts.

Auf dem Weg zum Markt denke ich nach. Diese drei Schwestern, Iphigenia, Afroditi und meine Mutter, haben schon immer in Perfektion und Stärke miteinander konkurriert. Sich ja nicht gehen lassen, sich ja nicht schwach zeigen. Immer perfekt, offen, modern, gebildet, wie ihr Großvater es ihnen eingeflößt hat: »Als Minderheit in einem fremden Land müssen wir die Besten sein!« Meine Mutter hat es mir vererbt: »Achte immer darauf, dass du unabhängig bist.« Die armen Männer! Die wollen uns doch auch zeigen, dass sie uns beschützen können. Doch neben uns haben sie keine Chance. Die Männer unserer Familie leiden darunter, ziehen sich zurück und lassen uns in Ruhe. Ich denke an Teseo.

Ob ich zu stark für ihn bin? Man sagt, dass starke Frauen nicht besonders erotisch sind. Gut, dass wir uns viel mit dem Kochen beschäftigen, das bringt uns ins Gleichgewicht. Beim Kochen werden wir anmutig und im Servieren einer Speise steckt eine große Portion Zärtlichkeit.

Ha, mein Handy klingelt genau im richtigen Moment! Teseo ist dran. Er sei seit einigen Tagen aus Italien zurück, sagt er, und dass er die Ostertage bei seiner Familie in Rom verbracht habe. Und ob wir uns nicht zum Abendessen treffen wollen. Ich erzähle ihm, dass meine Tante noch da ist und bereits morgen zurückfliegen wird und dass ich jetzt auf dem Viktualienmarkt bin, um Sellerie zu kaufen, der entspannend wirken soll. Er will mich sofort treffen und ich freue mich riesig. Bevor er kommt, kaufe ich die Fischfilets und die Sellerieknolle, wie es mir Tante Afroditi aufgetragen hat. Als ich Teseo sehe, umarme ich ihn und drücke ihm die Sellerieknolle in die Hand. Er nimmt sie, reibt sie mir unters Ohrläppchen und steckt seine Nase an meinen Hals. »Mmh, du riechst so gut! Das entspannt mich sofort!«, seufzt er und lacht. Ich klopfe ihm mit der Sellerieknolle sanft auf den Kopf und er lacht weiter.

»Ich habe dich während der Ostertage in Italien so vermisst«, sagt er. »Ich hätte dich gern dabei gehabt.«

»Und ich habe dich während der Ostertage auf Kreta so vermisst!«, erwidere ich.

Wir lachen und umarmen uns wieder fest.

»Komm, lass uns in ein Café gehen. Ich erzähle dir von Italien und du erzählst mir von den Ostertagen auf Kreta«, schlägt er vor. Ich rufe Tante Afroditi an und sage ihr, dass ich etwas später kommen werde. Im Café erzählt mir Teseo allerdings mehr von dem Druck, den er wegen des immer näher rückenden Abgabetermins seiner Doktorarbeit verspürt. In Rom, im Haus seiner Mutter, habe er sich sofort in sein Zimmer zurückgezogen, um zu arbeiten. Ostern habe er eigentlich nur am Ostersonntag erlebt, mit der großen feierlichen Ostertafel und den eingeladenen Verwandten und Freunden. Seltsam! Ich erzähle ihm kurz von den vielen Osterzeremonien und kulinarischen Spezialitäten auf Kreta. Dann muss ich zurück nach Hause. »Tante Afroditi hat ja heute keinen guten Tag, deswegen auch der Sellerie«, erkläre ich Teseo und lade ihn ein, am frühen Abend mit uns zu essen. Er freut sich. »Nur kurz«, sagt er, »dann muss ich weiterarbeiten.« Und wir verabschieden uns.

Auf dem Weg nach Hause denke ich, dass es seltsam ist, wie wenig ich noch immer über ihn und seine Familie weiß. Und dass es mir auch immer noch nicht ganz bewusst geworden ist, dass er Italiener ist, mit … einer Familie in Italien, vielleicht sogar einer Geliebten oder Verlobten dort. Ich spüre, wie ich unruhig werde. Diese Gedanken tun mir nicht gut. Ach, was interessiert mich sein Privatleben in Italien? Ist mir doch egal! Wir haben ja keine feste Beziehung. Nur eine Freundschaft und … Gott sei Dank keine Bindung! Jetzt muss ich wirklich schnellstens zu meiner angeschlagenen Tante.

»Schön! Du hast alles mitgebracht«, ruft Tante Afroditi, als sie die Einkäufe sieht. »Und Sellerie ist das A und O, wenn man gut schlafen möchte. Wir bereiten das perfekte Abendessen vor.«

»Ich habe Teseo getroffen. Deswegen hat es so lange gedauert. Er kommt später, ich habe ihn zum Essen eingeladen.«

»Eine gute Idee! Ich sehe ihn vor meiner Abreise gerne noch einmal«, sagt Tante Afroditi.

Während wir in der Küche das Essen vorbereiten, ertappe ich mich immer wieder dabei, wie ich auf die Uhr schaue oder nach der Türklingel lausche. Punkt acht Uhr ist Teseo dann da. Er umarmt meine Tante, und sie küsst ihn rechts und links auf die Wange.

»Ich freue mich, Sie zu sehen«, begrüßt er Tante Afroditi. »Und zuhause habe ich extra für Sie einiges über Sellerie nachgelesen.«

»Und ich dachte, es pressiert dir mit der Doktorarbeit.«

»Schon, aber die Selleriegeschichte war interessant. Außerdem möchte ich euch beeindrucken! Also, in der Antike galt der Sellerie, oder auf Griechisch Selino, als das Gemüse von Eros und Thanatos«, erzählt Teseo und schmunzelt.

»Die hässliche Selleriewurzel soll für die poetischen Begriffe Eros und Thanatos gestanden haben, also für Liebe und Tod? Na ja, Tod kann ich mir vielleicht noch vorstellen, die Wurzel sieht ja auch manchmal wie ein Totenkopf aus«, bemerke ich.

»Ja, aber wir sprechen eher über die Blätter«, erwidert Teseo. »In der Antike galt Sellerie als Aphrodisiakum, als erregend.«

»Ein antikes Viagra also?«, versuche ich unbeholfen, witzig zu erscheinen.

»Gleichzeitig war er auch die Pflanze, die die alten Griechen dem Gott der Unterwelt, Hades, widmeten. Hades wurde oft in Verbindung mit Morpheus gebracht, dem Gott der Träume. Es ist etwas gruselig, aber ich erzähle es euch trotzdem: Beim Leichenschmaus in der Antike wurde nämlich immer Sellerie angeboten. Und wisst ihr auch, warum? Weil Sellerie durch seine aromatischen Öle beruhigend und tröstend wirkt. Und sowohl im alten Ägypten als auch im antiken Athen war die Knolle eine Grabbeigabe.«

»Sage ich doch! Sellerie wirkt beruhigend! Aber Eleana wollte es mir nicht glauben.«

»Und es gibt unzählige antike Sellerierezepte – Selleriepürees, Selleriesuppen, gebratene Selleriescheiben, gefüllte Sellerieknollen –, aber ich habe das allerbeste Rezept für den perfekten Schlaf!«, sagt Teseo.

»Ich will aber nicht gleich ins Koma fallen!«, protestiere ich.

»Sowohl Sellerie als auch Knoblauch sind dafür bekannt«, erzählt Tante Afroditi, »dass sie den Blutdruck senken und beruhigend auf den Puls wirken.«

»Wir werden also beides kombinieren«, sagt Teseo, »und einen sehr aromatischen Salat zubereiten. Den serviere ich mit dem Fischfilet. Ihr könnt ihn aber auch so essen. Und bald, meine Damen, werdet ihr müde werden und euch in Morpheus' Schoß begeben.« Und dann flüstert er mir ins Ohr: »Aber wehe! Da werde ich sehr eifersüchtig. Also lieber in Teseos Schoß.« Während ich schmunzle, fügt er laut hinzu: »Sellerie und Knoblauch sind nämlich die besten Hüter des Schlafes und Balsam für die Träume.«

Nach dem Essen sitzen wir auf dem Sofa, hören Musik und trinken süßen Sherry. »Ich muss leider aufbrechen«, sagt Teseo nach einem halben Gläschen, »meine Arbeit wartet.« Er drückt die Hand meiner Tante, wünscht ihr eine gute Reise und viel Erfolg in Spanien. Ich begleite ihn zur Tür. Wir küssen uns und er geht, ohne etwas über ein baldiges

Wiedersehen zu sagen. Ich bin verärgert, aber dann sage ich mir, dass es ganz gut so ist. Keine Bindung!

»Morgen Nachmittag fliege ich nach Granada«, sagt meine Tante entschieden. »Ich glaube, meine Tochter braucht mich jetzt. Ich werde für sie kochen, ihre Wohnung in Ordnung bringen und ihr Bett neu beziehen. Wenn du plötzlich jemanden hast, der für dich sorgt, wirkt das Wunder. Und für mich habe ich schon ein Zimmer in der benachbarten Pension reserviert. Ich möchte nicht, dass sich Savina von der plötzlichen Mutterpräsenz erstickt fühlt. Und natürlich freue ich mich auch auf meine renovierte Taverne in Cazorla. In der Galerie werde ich die neuesten Bilder von Savina ausstellen und eine große Feier zur Wiedereröffnung des Restaurants veranstalten. Aber nur, wenn meine Tochter mir verspricht, dass sie in den nächsten zwei, drei Wochen mit ihrer Diplomarbeit fertig sein wird. Dann haben wir doppelt Grund zu feiern!«

»Nimm aber nicht zu viel Sellerie, sonst schläft Savina durch, anstatt ihre Arbeit zu schreiben!«

SELLERIE-KNOBLAUCH-SALAT

Zutaten für drei Personen:
½ Sellerieknolle • 1 Karotte • 2–3 Knoblauchzehen • 25 ml Balsamico-Essig • 1 TL Honig • 4 EL warme Gemüsebrühe • Salz oder Sojasoße • 2 EL fein gehackte Petersilie

ZUBEREITUNG:
Den Sellerie und die Karotte in kleine Stifte reiben, die Knoblauchzehen pressen. Oder alles in der Küchenmaschine grob häckseln. Dann in einer Schüssel mit dem Balsamico-Essig, dem Honig und der Gemüsebrühe vermischen. Nach Geschmack mit Salz oder Sojasoße würzen und die fein gehackte Petersilie darüberstreuen. Man kann auch geriebenen Emmentaler dazugeben.

KABELJAUFILET IM BACKOFEN

ZUTATEN FÜR DREI PERSONEN:
3 Kabeljaufilets • 4 EL Zitronensaft • Salz, Pfeffer • 1 Zitrone in Scheiben • 1 Rosmarinzweig • 4 EL Olivenöl • etwas fein gehackte Petersilie

ZUBEREITUNG:
Die Kabeljaufilets entgräten, kalt abspülen, trocken tupfen und einzeln auf Alufolie legen. Jedes Filet mit 2 EL Zitronensaft beträufeln, mit Salz und Pfeffer würzen. Fischfilets 10 Minuten ziehen lassen. Je 3 Zitronenscheiben unter die Fischfilets legen, den Rosmarinzweig darauflegen und mit 2 EL Olivenöl beträufeln. Die Fischfilets fest in die Alufolie wickeln, auf ein Backblech legen und im vorgeheizten Rohr bei 200° C ½ Stunde backen. Kurz vor dem Servieren mit gehackter Petersilie bestreuen.

DAS MÄRCHEN VON DER TRAURIGEN ZWIEBELPRINZESSIN

Auf dem Weg zum Flughafen erinnert mich Tante Afroditi, dass Tante Iphigenia in einer Woche Geburtstag hat. Dann steigen wir aus dem Auto und ich stelle ihre Koffer auf den Gepäckwagen. Sie wickelt ihren langen, buntgestrickten Schal zwei Mal um den Hals und ich rücke ihr die lustige Mütze zurecht – sie liebt es immer noch, sich als Hippie-Mädchen auszugeben.

»Bis zum nächsten Mal!«, umarme ich sie – also im Sommer beim gemeinsamen Urlaub in Griechenland.

»Und bring Teseo mit!«, erwidert meine Tante.

Zu Hause rufe ich Tante Iphigenia an, um zu erfahren, ob sie ihren Geburtstag feiern wird und ob Onkel Yusuf an diesem Tag vielleicht verreist ist oder Dienst im Krankenhaus hat. Als hätte ich es geahnt: Er wird übermorgen nach Kanada fliegen, zu einem Ärztetreffen in Montreal. Ich schlage meiner Tante vor, nach München zu kommen, damit wir gemeinsam ihren Geburtstag feiern. Ich brauche nicht lange, um sie zu überzeugen. Sie würde gerne kommen, sagt sie, sie wäre ja seit Fasching nicht mehr in München gewesen. Natürlich könne sie ihren Geburtstag auch mit Freunden in Venedig feiern, aber lieber sei sie bei mir.

Schon nach wenigen Tagen ist sie da. Toll, dass Venedig nicht so weit von München entfernt ist, und gut, dass sie meinen Wohnungsschlüssel hat. Als ich aus dem Büro nach Hause komme, steht ihr Koffer in der Diele. Sie liegt auf meinem Sofa und schläft. Ich mache mir leise einen Kaffee und blicke aus der Küche ins Wohnzimmer, sehe ihr rotblondes Haar, ausgebreitet auf der Sofalehne.

Ihr rotblondes Haar … Seit meiner Kindheit zieht es meinen Blick wie ein Magnet an. Wenn sie es nach dem Haarewaschen sorgfältig föhnt und kämmt, sind es richtige Feuerzungen, die durch die Luft fliegen. Meistens flicht sie es zu einem Zopf, den sie wie eine Schnecke an ihrem Hinterkopf befestigt – ein elegantes Hütchen –, und an ihren Ohren hängen fast immer rote, funkelnde Glasperlen. Tante Iphigenia ist meine Lieblingstante. Das habe ich wohl schon einmal gesagt. Da sie keine eigenen Kinder hat, sorgt sie sich sehr um mich und kann mir nichts abschlagen. Sie begleitet mich stets mit ihren Gedanken und ihren Taten. Für meinen Geburtstag fallen ihr immer die unglaublichsten Speisekombinationen und oft auch schöne Geschichten ein, wie die von der unglücklichen Zwiebel.

Ich war noch klein und sie wollte an meinem Geburtstag wieder einmal etwas ganz Besonderes kochen, mich überraschen. Aber, wie mir Tante Iphigenia Jahre später erzählte, dieses Mal fiel ihr nichts Richtiges ein. Sie hatte nur eine gewöhnliche Torte gemacht und ein Geburtstagsgeschenk gekauft, aber eben nichts Besonderes. Am Vortag meines Geburtstages war ich diejenige, die sie auf die Idee brachte, sagt sie heute. Ich sah, wie meine Tante Zwiebelschalen kochte und den Sud in ihr Haar einmassierte. Das verlieh ihm einen schönen rötlichen Glanz. Seitdem regt die Zwiebel meine Phantasie an; eine tolle, magische Pflanze!

»Tante Iphigenia«, fragte ich sie damals, »warum hast du geweint? Als du die Zwiebeln geschält hast, waren deine Augen feucht.«

»Weil die Zwiebel traurig ist«, sagte sie ernst.

»Traurig? Die Zwiebel?«

»Ja. Wegen der Prinzessin«, fügte sie hinzu.

Mit großen Augen schaute ich meine Tante an. »Welche Prinzessin?«, fragte ich misstrauisch.

»Morgen an deinem Geburtstag werde ich dir die Geschichte von der traurigen Zwiebelprinzessin erzählen, die dann aber glücklich wurde.«

Ich wartete gespannt und neugierig. Am nächsten Tag setzten wir uns in die Küche, sie brachte die Zwiebeln und begann sie zu schälen. Kaum schnitt sie die erste Zwiebel, schon brannten unsere Augen und begannen zu tränen.

»Siehst du? Wir weinen, weil auch die Zwiebeln immer weinen und traurig sind.« Ich schaute sie mit großen Augen an und sie lächelte.

»Es gab einmal im fernen Orient eine Prinzessin, Áysa war ihr Name, die sich sehnlichst ein Kind wünschte. Doch sie bekam keines, obwohl sie und der Prinz sich sehr liebten. Jeden Tag träumte sie davon und eines Tages, als sie in ihrer Küche saß, so wie wir beide jetzt, und Zwiebeln schälte und weinte, stöhnte sie auf einmal laut und sagte: ›Ach, wie gerne würde ich ein Kindchen haben, das meine schönen Zwiebeln essen könnte!‹

In diesem Moment hörte sie eine leise Stimme. Es war die Zwiebel. ›Liebe Áysa‹, sagte sie, ›ich bin auch sehr traurig, weil ich immer nur die Speisen begleite und nie alleine auftrete. Erfinde bitte ein köstliches Essen mit mir in der Hauptrolle, und wenn es dir gelingt, wird dein Wunsch nach einem Kind in Erfüllung gehen …‹«

Tante Iphigenia tupfte ihre feuchten Augen ab und ich wischte schnell mit dem Handrücken über meine. »Und dann?«, fragte ich neugierig.

»Dann dachte die Prinzessin lange nach. Eine erlesene Zwiebelspeise, in der die Zwiebel eine zentrale Rolle spielt? Sie dachte nach und schluchzte, dachte nach und schluchzte, und auf einmal nahm sie die geschälten Zwiebeln, die vor ihr lagen, ritzte sie seitlich ein und warf sie in das kochende Wasser, das auf dem Herd stand. In Gedanken versunken schaute sie dann den Zwiebeln beim Kochen zu, aber plötzlich … ›Um Gottes willen‹, rief sie, ›sie sollen doch nicht zerfallen‹, und nahm sie wieder heraus. Sie ließ sie etwas abkühlen, drückte sie behutsam und dachte wieder nach. Auf einmal lösten sich die inneren Schichten der Zwiebeln ab. Die Prinzessin nahm sie vorsichtig heraus, ohne die Außenhülle zu zerstören. Nun lagen auf dem Tisch die runden Zwiebeln mit den äußeren Blättern, wie kleine Nester. Die Prinzessin füllte sie mit einer aromatischen und würzigen Mischung und schob sie dann in den Backofen.

Später, als die schönen glänzenden Zwiebeln auf einer Platte serviert wurden, waren der Prinz und Áysa sehr gespannt. Zögernd probierten sie und schauten sich zufrieden an. Der Geschmack war einmalig, himmlisch, erlesen! Im gleichen Augenblick hörten sie leises Babyweinen. Sie liefen in den Garten und entdeckten zwischen den langen Blättern der Frühlingszwiebeln ein kleines Kind, das ihnen seine Arme entgegenstreckte.

Prinz, Prinzessin und ihr Kind lebten lange glücklich, die Zwiebel aber bringt bis heute jeden zum Weinen, um daran zu erinnern, dass sie die Hauptrolle spielen möchte. Zum Mittagessen also, wenn wir deinen Geburtstag richtig mit Torte und Geschenk feiern, werde ich dir die Zwiebeln mit Käse und Hackfleisch gefüllt zubereiten«, sagte meine Tante Iphigenia und nahm mich auf den Schoß.

»Ich will sie auch mit Marmelade gefüllt!«, rief ich.

»Warum nicht? Dann probieren wir sie auch mit Pflaumenmarmelade und zerriebenen Mandeln. Das wird die beste Spezialität unserer Familie werden!«

»Jaaa! Und die Zwiebel wird nie wieder traurig sein.«

Die gefüllten Zwiebeln wurden zu meinem Lieblingsgericht, schmackhaft und pikant, und sie erinnern mich immer an die glänzenden Haare meiner Tante und an ihren warmen Schoß. Die mit Pflaumenmarmelade gefüllten haben wir, ehrlich gesagt, nie wieder gemacht.

GEFÜLLTE ZWIEBELN

Zutaten:
1 kg große runde Zwiebeln • ½ kg Hackfleisch • 2 bis 3 große Tomaten • etwas Zitronensaft • 150 g Schafskäse • 1 EL fein gehackte Petersilie • 1 EL fein gehackte Minze • 1 Prise Zimt • Salz, Pfeffer • evtl. etwas gekochter Reis

Zubereitung:
Die Zwiebeln schälen und seitlich von oben bis unten einschneiden, ohne sie durchzuschneiden. Anschließend in Wasser kochen und nach 10 Minuten vorsichtig herausnehmen. Dann jede Zwiebel leicht drücken, sodass sich die inneren Zwiebelblätter lösen, und diese vorsichtig herausholen, ohne die Außenhülle zu zerstören.

Das Innere der Zwiebeln klein hacken und in einen Topf mit heißem Öl geben. ½ kg Hackfleisch beifügen, mit einer Gabel vermischen und vorsichtig zerdrücken. Anschließend die gewürfelten Tomaten und etwas Zitronensaft hinzugeben. Alles zusammen 5 bis 10 Minuten kochen lassen und vom Herd nehmen. Nun noch den Schafskäse zerbröckeln und zusammen mit der Petersilie, der Minze, einer Prise Zimt, Salz und Pfeffer unterrühren. (Falls die Mischung zu wässrig ist, kann man etwas gekochten Reis dazugeben.) Die Masse vorsichtig in die Zwiebeln füllen und rollen, so wie man es mit Kohlrouladen macht. Die gefüllten Zwiebeln in einer eingeölten Auflaufform vorsichtig nebeneinander anordnen. Zudecken und in den auf 180° C vorgeheizten Backofen schieben. Nach ½ Stunde den Deckel abnehmen und die Zwiebeln noch 10 Minuten schmoren lassen.

DER BÖSE BLICK

Ausgerechnet an Tante Iphigenias Geburtstag hat es mich erwischt! Ich liege mit ausgestreckten Beinen auf dem Sofa, habe leichte Kopfschmerzen, fühle mich schwach und döse vor mich hin. Tante Iphigenia sitzt schon den ganzen Vormittag an meinem Computer und recherchiert. »Ach, wie schön«, ruft sie immer wieder aus und kichert, und ich amüsiere mich über ihre Begeisterung. Zumindest eine in der Familie, die heute nicht schlappmacht!

»Yusuf sitzt jetzt in seinem Hotelzimmer in Montreal, es ist dort gerade zwei Uhr nachts, und schreibt mir Liebesmails zu meinem Geburtstag, Versprechungen einer ewigen Liebe, kleine Geschichten und weise Sätze aus Tausendundeiner Nacht und viele andere Liebesarabesken. Na ja, was soll man auch sonst von einem Araber erwarten?«, höre ich Tante Iphigenia rufen.

»Lies mal vor, was er dir schreibt«, fordere ich sie matt auf.

»Nein! Du bist jetzt nicht in der Lage, Liebesgesäusel von Onkel Yusuf zu hören. Dich hat der böse Blick getroffen. Du brauchst deine ganz persönlichen Liebeswörter.«

»Tante, glaubst du etwa auch an diesen Quatsch mit dem bösen Blick?«

»Du weißt, dass ich nicht abergläubisch bin, aber die vielen Frauen in unserer Familie, die immer die Karten legten, den Kaffeesatz lasen und geheime Zauberwörter kannten, um einen bösen Blick zu verscheuchen, die haben mich schon beeinflusst. Also, ich glaube nicht so richtig dran, aber wenn es sein muss, spreche ich die Zauberworte!«

Wenn ich jetzt nicht so daneben wäre, würde ich meiner Tante einiges erzählen! Sie kommt zu mir und kitzelt meine Fußsohlen mit einer Feder. Ich springe auf. »Hey, was machst du da?« Und da sehe ich, dass sie gar keine Feder in der Hand hält, sondern einen Bund frischen Dill.

»Dill?«

»Ja, Dill!«, ruft sie und schleudert das Bündchen herum, sodass das Kraut sein feines Aroma verströmt. Dann regnet es feine Dillblätter über meinen Kopf und meinen ganzen Körper. Tante Iphigenia zupft immer mehr Dill und verstreut ihn um mich herum auf dem Sofa.

»Tante, ich bin weder Fisch noch Fleisch!«, rufe ich. »Ich muss nicht gewürzt werden, hör auf damit!«

»Dill ist nicht nur ein Gewürz, sondern auch eine Heilpflanze. ›Ein Sträußchen Dill über der Tür schützt vor dem bösen Blick‹, sagen die weisen Menschen auf dem Land. Du bist vom bösen Blick getroffen: Müde, lustlos – und richtig schlafen kannst du auch nicht! Dill wird dir bestimmt helfen. Die römischen Gladiatoren haben sich vor Kämpfen immer mit Dillöl eingerieben.«

Plötzlich klingelt es. »Ach nein! Ich will jetzt keinen Besuch!«

»Bleib du da liegen, ich mach auf«, sagt meine Tante. Ich höre sie an der Tür sprechen und eine mir bekannte Stimme mit italienischem Akzent gratuliert ihr zum Geburtstag. Teseo!

»Schau mal, liebe Nichte, wer gekommen ist! Er feiert mit uns meinen Geburtstag und hat sogar Dillöl gegen den bösen Blick mitgebracht!«

»Sag mal, wann hast du das denn alles eingefädelt? Du hast doch überhaupt nicht telefoniert.«

»Nein, aber es gibt ja auch das Internet!«

Teseo kommt zu mir und küsst mich auf die Stirn. »Ich würde sagen, du lässt dich jetzt mit dem Dillöl einreiben. Denn es ist ein Malocchio, was du hast!«

»Mal … was? Malocchio? Böser Blick? Fängst du jetzt auch damit an?«

»Nicht ich, schon die Sumerer und die Babylonier im Jahre 3000 vor Christus glaubten an den Ig-Hul. Verwunderlich ist, dass dieser Glaube an die unheilvolle Kraft des bösen Blicks aus dem Osten kam, sich aber in allen Kulturen der Erde verbreitete. Der Aberglaube des bösen Blicks ist ein globales Phänomen. Im Mittelalter aber sprach man am meisten über den bösen Blick der Frauen, ja, er wurde den Frauen zugeschrieben.«

Tante Iphigenia und ich wollen schon etwas entgegnen, aber Teseo lässt uns nicht.

»Stopp! Jetzt keine Einwände«, sagt er mit sicherer Stimme. »Lass dich einreiben. Ich werde die Sprüche sprechen, die hat mir meine Oma beigebracht«, kündigt er an und lacht.

»Sag bloß, du bist auch abergläubisch!«

Aber Teseo flüstert schon etwas auf Italienisch, was ich nicht verstehe, und streicht mir das Dillöl über Stirn, Hals und Hände. Ich bekomme Gänsehaut, will mehr von seinem Streicheln, doch ich zeige es nicht und scherze nur: »Ich will aber kein geölter Gladiator sein! Außerdem bekomme ich langsam Appetit auf deine Dill-Zucchini-Suppe, liebe Tante. Mir läuft schon das Wasser im Mund zusammen bei diesem Duft!«

Meine Tante lacht. »Siehst du? Schon bist du wieder zum Leben erweckt! Dill verleiht magische Kräfte. Auf manchen Inseln des Mittelmeeres wird Dill in die Brautschuhe geschoben. Wenn dann die Frau während der Trauung leise vor sich hin flüstert: ›Ich habe Senf, ich habe Dill, mein Mann muss tun, nur was ich will‹, dann klappt es!«

Kurz darauf serviert Tante Iphigenia ihre berühmte Dillsuppe mit fein gewürfelten Zucchini, Karotten, Kartoffeln und viel Zitrone.

»In der Antike haben die Menschen den Dill ›Samen des Merkur‹ genannt«, erzählt Teseo, »und schon damals hatte er den Ruf, bösen Zauber zu verhindern und Dämonen abzuwehren. Neugeborene wurden deshalb mit Dill und Salz bestreut.«

»Liebe Tante, damals waren es vielleicht Merkurs Samen, aber heute ist es wohl eher deine leckere Suppe, die mich wieder zu Kräften bringt. Und natürlich auch das Einölen von Teseo und die Zauberworte seiner Oma. Ich fühle mich wie neu geboren! Was meint ihr, machen wir gleich eine Nachmittagssiesta? Abends feiern wir dann richtig deinen Geburtstag, liebe Tante, mit festlichem Essen …«

»Das übernehme ich«, unterbricht mich Teseo.

»Lasst ruhig alles stehen, wir decken später ab!«, sage ich, als wir mit der Suppe fertig sind. Dann nehme ich Teseo an der Hand und flüstere ihm ins Ohr: »Ich habe Senf, ich habe Dill, Teseo muss tun, nur was ich will!«

DILL-ZUCCHINI-SUPPE

ZUTATEN:
2 Bund Dill • 4 Zucchini • 1 Karotte • 4 kleine Kartoffeln • 5 EL Olivenöl • 1 l Brühe • Saft von 1 ½ Zitronen • 2 Eigelb • 100 ml saure Sahne

Zubereitung:
Den Dill waschen und klein hacken. Die Zucchini und die Karotte in kleine Würfel schneiden. Die Kartoffeln schälen und ebenfalls kleinwürfelig schneiden. Das Olivenöl erhitzen und die Gemüsewürfel darin anschwitzen. Die Brühe dazugießen und ca. 20 Minuten kochen lassen. Wenn die Kartoffeln und die Karotten gar sind, den Dill und den Zitronensaft hineingeben.

Kurz vor dem Servieren das Eigelb mit der sauren Sahne verrühren und vorsichtig untermischen.

GUTES ESSEN MUSS MAN MIT DEN HÄNDEN MACHEN

Meine Tante Iphigenia ist in den letzten Tagen sehr gut gelaunt. Tänzelnd trippelt sie durch die Wohnung, singt schon beim Frühstück, und die feinen Tücher, die sie immer um den Hals trägt, flattern fröhlich und füllen den Raum mit Farben.

Ich muss lächeln, denn ich finde es großartig, dass sie sich wie ein junges Mädchen über das Wiedersehen mit ihrem Mann freut. Seit zwei Tagen ist nämlich Onkel Yusuf bei uns. Gleich nach seiner Ankunft und den ersten Umarmungen nimmt er mich beiseite und fragt mich aus, wer dieser Teseo sei. Ach, Onkel Yusuf ist eifersüchtig auf den unbekannten Italiener, von dem meine Tante am Telefon so geschwärmt hat! Ich erzähle ihm von meiner Lovestory und er schnauft erleichtert auf.

»Teseo ist 37!«, sage ich.

»Also etwas zu jung für dich, oder?«, erwidert mein Onkel. »Aber wenn du keine Probleme damit hast ... Wusstest du, dass Iphigenia auch ein paar Jahre älter ist als ich? Das hat sie immer geheim gehalten, weil man es sowieso nicht sieht. Ich denke, Zahlen sind gut für die Kontonummer und das Portemonnaie. Was aber das Alter betrifft, bleiben sie immer ungenau.«

Onkel Yusuf ist aus Kanada direkt nach München geflogen und die beiden bleiben noch bis morgen, Sonntag, hier. Dann muss er zurück in seine Klinik, denn in einer Woche ist schon Pfingsten. Und da wollen wir ja alle gemeinsam zu Tante Pinelopi und Onkel Manfred nach Korfu fahren.

»Habt ihr Teseo eingeladen?«, fragt mein Onkel. »Bevor wir wegfahren, möchte ich ihn doch kennenlernen.«

»Aber natürlich habe ich ihn eingeladen. Ich werde heute ein besonderes griechisches Essen zubereiten.«

Onkel Yusuf umarmt seine Frau und will sie gar nicht mehr loslassen. Ich stehe etwas untätig herum, denke, dass sie jetzt allein sein wollen, und gehe in die Küche. Auf der Anrichte steht eine große Schüssel mit Hackfleisch. Offenbar will meine Tante Keftedes machen, denn auch gehackte Zwiebeln und eingeweichtes Brot sind da. Ich habe gerade begonnen, die Petersilie klein zu hacken, da klingelt es an der Tür. Teseo! Von draußen höre ich, wie Tante Iphigenia ihn ihrem Mann vorstellt, dann steckt Teseo den Kopf durch die Küchentür. »Das ist aber viel Hackfleisch!«, ruft er. »Was habt ihr vor?« Er kommt herein und gibt mir einen flüchtigen Kuss.

»Keftedes!« erwidere ich, »kennst du griechische Keftedes?«

»Ja, natürlich, nur … beim Hackfleisch bin ich immer etwas misstrauisch. Wie erkenne ich gutes Hackfleisch? Ich habe oft den Verdacht, dass es sich um ein Gemisch aus fragwürdigen Fleischabfällen handelt«, meint Teseo.

»Du kaufst es am besten beim Metzger«, empfiehlt Tante Iphigenia, die jetzt auch in die Küche gekommen ist, »und du verlangst, dass er dir das Stück Fleisch zeigt, bevor er es verarbeitet.«

»Leider sind Frikadellen ja heutzutage durch diese Fastfood-Hamburger völlig in Verruf geraten«, bedauert Teseo.

»Da hast du recht!«, sagt Onkel Yusuf, der jetzt auch zu uns stößt. »Aber die griechischen Keftedes, die libanesischen Kofta, die syrischen und türkischen Kibbeh«, erklärt er, »alle diese Hackfleischspeisen bedürfen einer hohen Kunst der Zubereitung. Meist sind es Hackfleischbällchen, aber man kann auch Teig mit Hackfleisch füllen, wie bei den zypriotischen Koupes.«

»Ja, da gibt es unzählige Rezepte«, sagt meine Tante, die Kennerin, »aber da müssen nicht nur die Zutaten, sondern auch die Hände sehr gut sein.«

»Die Hände, liebe Tante? Wie meinst du das, die Hände?«

»Pass auf! Wenn ich in einem Kochbuch lese: ›Hackfleisch und Zutaten mit dem Löffel vermengen‹, dann werfe ich dieses Kochbuch in hohem Bogen weg! Die Hackfleischmasse verarbeitet man immer noch am besten mit den Händen. Viele meinen, das sei nicht hygienisch. Würdest du mir jemals sagen, ich solle dich nicht umarmen oder streicheln, weil das unhygienisch sei? Soll ich meinen

Mann nicht küssen, weil ich Bazillen übertragen könnte? Für mich geht Liebe nicht nur durch den Magen, sondern auch über das Anfassen. Sich küssen, in ein knuspriges Fleischbällchen beißen, eine saftige Bratkartoffel mit der Hand in den Mund schieben – all das, und dazu noch die Düfte der Speisen wahrnehmen, das sind doch die höchsten Genüsse!«

Teseo lächelt die ganze Zeit und klatscht jetzt bestätigend in die Hände.

»Deswegen finde ich die sogenannten ›ordentlichen Manieren‹ beim Kochen und beim Essen sehr suspekt«, macht meine Tante weiter. »Aber genug mit dem Plädoyer fürs Essen mit den Händen. Jetzt kochen wir! Willst du lieber georgische Fleischbällchen mit Koriander und Paprika oder libanesischen Hackbraten mit Petersilie, Tomaten und Oliven?«, fragt sie mich.

»Dicke, weiche und erotische Keftedes will ich!«

Während meine Tante die Zutaten vorbereitet, schwelgt sie in Erinnerungen: »Ich werde die Hände meiner Mutter und meiner Großmutter nie vergessen. Wie sie das Hackfleisch mit Brot, geriebener Zwiebel, klein gehackter Minze, Petersilie, Ei, Salz und Pfeffer vermischten. Wie sie dann darüber stritten, ob noch etwas Kreuzkümmel hinein sollte oder nicht. Meine Großmutter ist ja in Istanbul aufgewachsen und in ihrer Familie würzten sie die Keftedes mit Kreuzkümmel. Dann kam ihr großes Geheimnis, das machte ihre Keftedes ganz besonders zart: Sie tat einen Teelöffel Speisenatron in die Mischung. Manchmal gebe ich statt Natron einfach etwas Mineralwasser hinzu, da ist ja auch Soda drin. Dann tauche ich meine Hände in kaltes Wasser, forme die Fleischbällchen, wälze sie in Mehl und lege sie in das heiße Öl der Bratpfanne. Durch das Natron werden sie schön luftig und das Mehl gibt ihnen eine leicht knusprige Kruste. Wir Kinder bettelten immer um diese Knusperbällchen und hatten nicht die Geduld zu warten, bis endlich der Tisch gedeckt war. Keftedes mit den Händen zu essen, solange sie noch warm und knusprig sind – das war der Höhepunkt. Ein Genuss, diese elastische Konsistenz zwischen den Fingern, Lippen und Zähnen zu spüren! Man verpasst so einiges, wenn man sie mit Messer und Gabel isst. Also trau dich ruhig, mit den Händen zu essen! Das ist besonders erotisch.«

Onkel Yusuf, der offenbar von nebenan gelauscht hat, legt seine Zeitung beiseite und kommt wieder zu uns in die Küche. Er nähert sich meiner Tante von hinten, umarmt sie und zeigt ihr seine Hände: »Na, Iphigenia? Wie findest du meine Hände? Sind sie gut geeignet fürs Kneten dieser erotischen Knusperbällchen?«

Sie lacht. »Deine Hände sind die besten der Welt!«

Ungeduldig unterbreche ich ihre Liebeserklärungen: »Tante, wann sind denn die Keftedes endlich fertig?«

»Gleich doch! Aber ... wo sind denn die anderen, die ich eben schon aus der Pfanne genommen habe?« Sie schaut mich verwundert an.

»Ach die? Die haben wirklich sehr erotisch geschmeckt!«

EROTISCHE FLEISCHBÄLLCHEN (KEFTEDES)

Zutaten:

2 Scheiben entrindetes Weißbrot • 1 große Zwiebel • 2 Knoblauchzehen • 750 g Hackfleisch, am besten eine Mischung aus Kalb- und Schweinefleisch • 2 Eier • 2 EL fein gehackte Minzeblätter • 2 EL fein gehackte Petersilie • 1 Prise getrockneter Oregano oder Majoran • evtl. 1 kleine Prise Kreuzkümmel (zum Ausprobieren) • Salz, Pfeffer • 2 EL Olivenöl und etwas Öl zum Anbraten • 1 EL Zitronensaft • 1 Msp. Natron • Mehl nach Bedarf

Zubereitung:

Das Weißbrot in Wasser einweichen und gut ausdrücken. Die Zwiebel reiben und den Knoblauch pressen. Alles zusammen mit dem Hackfleisch, den Eiern, den Kräutern und Gewürzen, dem Olivenöl, dem Zitronensaft und dem Natron vermengen und durchkneten. Falls die Masse nicht fest genug ist, etwas Mehl hinzufügen. Den fertigen Hackfleischteig ca. ½ Stunde im Kühlschrank ruhen lassen.

Anschließend aus dem Teig kleine Bällchen formen, in Mehl wälzen und in einer Pfanne mit etwas heißem Olivenöl braun braten (ca. 10 Minuten). Die fertigen Hackfleischbällchen auf Küchenpapier legen. Sie können heiß oder kalt serviert werden. Sehr gut dazu passen gebratene Auberginen, Zaziki und Pommes frites.

SOMMER

EIN HÄPPCHEN MITTELMEER

Heute Abend habe ich ein paar Freunde eingeladen. Wir wollen nur eine Kleinigkeit essen und miteinander plaudern. Ich werde also kleine Häppchen anbieten. Soll ich nun beim Italiener Antipasti und einen italienischen Wein kaufen? Oder lieber spanische Tapas präsentieren? Ich könnte natürlich auch eine Auswahl von arabischen Mezze zusammenstellen oder zu griechischen Mezedes – das ist die Mehrzahl von Meze – mit Raki oder Ouzo einladen.

Schließlich entscheide ich mich für Letzteres! Die griechischen Mezedes sind schlicht und einfach: Oliven, Tomaten, Gurken, Schafskäse mit Oregano, marinierter Oktopus, ein paar salzig eingelegte Fische, wie Sardellen, Anchovis und Thunfisch. Salzig, damit man Lust aufs Trinken bekommt. Ich könnte auch noch geräucherte Forellen und Bücklinge, zwei, drei Schillerlocken und dazu Selleriestangen und Kohlrabistücke reichen. Fleisch gehört nicht auf den griechischen Häppchenteller.

Tapas, Antipasti und Mezedes darf man nicht mischen, sagt meine Tante Iphigenia immer. »Eine Blasphemie!!!«, höre ich sie in meiner Phantasie schon spöttisch rufen. Bestimmt hat sie das von ihrer Großmutter gehört, und ab und zu macht sie sich über die strengen traditionellen Regeln auch ein wenig lustig.

Von meinen Tanten weiß ich eine Menge über die Kultur der griechischen Mezedes. Sie haben viele Ähnlichkeiten mit dem arabischen Vorbild, aber es gibt auch Unterschiede. In Griechenland und Ägypten zum Beispiel sind Mezedes schlichte kalte Häppchen, die man kostenlos zum Schnaps und anderen alkoholischen Getränken gereicht bekommt, in Griechenland vor allem im Kafenio, also im traditionellen Kaffeehaus. Das war ursprünglich eine Geste der Gastfreundschaft. Nur wenn man mehr Mezedes nachbestellt, muss man zahlen.

In Ägypten heißen die »normalen« Vorspeisen Moshahiat. Als klassische Kombination gilt ein kleiner Teller mit dem Nationalgericht Foul, einem Bohnenbrei mit Kreuzkümmel gewürzt, ein Teller mit Humus, Falafel mit gebratenem Hackfleisch und Petersilie, gefüllte Tomaten mit Sesamsoße und Auberginencreme, Babaganoush.

Jede Häppchenkultur hat ihre eigenen Regeln, sagt Tante Iphigenia. Zum Beispiel die Tapas. »Tapa« bedeutet Deckel oder Abdeckung. Manche erklären die Entstehung der kleinen Köstlichkeiten damit, dass sie sozusagen den Magen »abdecken« sollen. Dann kann man Wein trinken, ohne gleich einen Schwips zu bekommen. Nirgends in den Mittelmeerländern trinkt man Alkohol, ohne etwas zu essen. So entstand die Kultur der Vorspeisen – und auch wegen des Verweilens und Plauderns. Typische Tapas sind in Essig marinierte Sardellen, kleine frittierte Fische, Chorizos, die traditionellen spanischen Würste, geröstete und gesalzene

Mandeln, Oliven, kleine Tortillas, Garnelen mit Knoblauchmayonnaise, Serranoschinken und vieles mehr.

Obwohl meine Tanten im Grunde sehr gerne die verschiedensten Kochtraditionen kombinieren, zeigen sie sich bei manchen kulturellen Gewohnheiten stur. Also bloß keine Vorspeisen mischen! Tante Iphigenia spricht sogar von den drei goldenen Regeln der Mezedes, auf die ich unbedingt achten soll: Erstens, die Vorspeisen müssen einfach sein, das heißt keine komplizierte Zubereitung, viel rohes Gemüse, kleine salzige Fische und erst mal kalt. Zweitens, man soll sie langsam essen, denn sie begleiten den Ouzo und die Geselligkeit. Und drittens soll man dabei Spaß an der Begegnung mit anderen haben.

»Du hast doch bestimmt Ouzo zu Hause«, sagt sie am Telefon mit müder, gedämpfter Stimme.

»Tante, was ist? Du klingst irgendwie anders als sonst.«

Sie geht auf meine Frage gar nicht ein, sagt nur: »Du stellst also den Ouzo auf den Sofatisch und die Mezedes dazu.«

»Wieso auf den Sofatisch?«

»Weil du deine Leute nicht zum Essen eingeladen hast, sondern zum Plaudern, oder? Deswegen wird der Ouzo mit den Mezedes auch im Kafenio angeboten und nicht in der Taverne oder im Restaurant. Das Wort Meze kommt übrigens aus dem Arabischen. Manche sehr stolze Griechen, wie der Vater der Braut in dem Film ›My Big Fat Greek Wedding‹, meinen, dass alles auf das Altgriechische zurückzuführen sei. Einer hat mir mal erzählt, dass Meze vom altgriechischen Wort *Mézea*, Genitalien, stammt – bis heute gelten in Griechenland klein geschnittene und mit

Zwiebeln in der Pfanne frittierte Schafs- und Rinderhoden, Ameletita, als eine besondere Delikatesse, die sogar die sexuelle Kraft steigern soll. Das glaube ich aber nicht.«

»Nein! Hast du etwa schon mal Ameletita gegessen, Tante?«

»Ja, und die schmecken wirklich lecker! In der Nähe des Modiano-Marktes in Thessaloniki gab es noch vor einigen Jahren einen alten Mann, der jeden Tag vor seiner kleinen Taverne stand und ausrief: ›Archidotherapiaaaa! Hodentherapie!‹«, erzählt meine Tante, lacht und klingt jetzt fast wie immer.

»Na endlich! Du lachst! Sag mal, hast du Kummer?«

Und wieder antwortet sie nicht auf meine Frage, sondern schärft mir ein, dass die Häppchen der griechischen Meze-Kultur in kleinen Mengen gegessen werden sollen, auf viele Tellerchen verteilt. Wenn ich jetzt noch fertigen Taramosalata und Zaziki bekomme, dann ist mein Ouzo-Abend perfekt!

Nachdem ich meine Mezedes erstanden habe, kaufe ich noch Fladenbrot und gehe schnell nach Hause. Unterwegs denke ich, dass mir die Philosophie zu den griechischen Vorspeisen am besten gefällt: dass die Häppchen, die nacheinander auf den Tisch gestellt werden, nicht da sind, um satt zu machen. Dass sie eine Art gemeinsames Spiel sind, bei dem man in Ruhe einen langen, entspannten Plauderabend verbringen kann. Auch der Ouzo wird langsam und genüsslich mit kaltem Wasser getrunken. Dabei tauscht man sich mit Freunden über die kleinen Ereignisse des Alltags, der Kultur und der Politik aus. Man meidet jede Art von lauter Selbstdarstellung und begegnet den anderen mit

Humor. Übrigens, man darf dabei nie steif und gerade am Tisch sitzen. Das Besteck – kleine Gabeln und Messer – wird einfach in einem Haufen auf den Tisch gelegt und jeder nimmt sich davon. Im lockeren Geplauder mit den Tischnachbarn, wie meine Tante sagt, bietet sich ein solcher Abend geradezu an, um mit dem eigenen Freund oder Ehemann zu flirten – und um sie neu zu verführen …

Kaum denke ich, dass ich eigentlich niemanden zum Flirten habe, schon klingelt es an der Tür.

Teseo steht da, neben sich drei volle Einkaufstaschen. Ich schaue ihn erstaunt an. »Hast du etwa vergessen, dass ich heute Abend mit Vorspeisen kommen sollte?«, fragt er. Lachend umarme ich ihn und will davon ablenken, dass ich ihn tatsächlich vergessen habe. Und gerade eben sogar dachte, ich hätte niemanden zum Flirten. Was will mir das bloß sagen? Doch seine Stimme reißt mich aus meinen Gedanken.

»Ich habe italienische Antipasti gekauft!«

Auch wenn meine Tanten mich dafür köpfen würden, der Gemischte-Vorspeisen-Abend ist ein voller Erfolg – und natürlich endet er nicht, als meine Freunde gegangen sind … Aber in der Nacht wache ich auf und denke wieder an Tante Iphigenia. Und daran, dass sie ganz bestimmt Kummer hat. Und dass ich sie drängen muss, mir zu erzählen, was los ist. Vielleicht bald auf Korfu … Nur wieso denke ich jetzt an meine Tante und nicht an Teseo, der so friedlich neben mir schläft? Und der dabei seinen Arm um meinen Körper legt; eine Geste, die mich immer so schön beruhigt.

ZAZIKI

Zutaten:

1 Gurke • 5 Knoblauchzehen • 1 Bund Dill • 50 ml Olivenöl • 1 TL Salz • ½ TL schwarzer Pfeffer • 1 kg abgetropfter griechischer Joghurt oder Sauerrahm • etwas Paprikapulver

Zubereitung:

Die Gurke reiben und durch ein feines Sieb pressen, ½ Stunde abtropfen lassen. Zusammen mit den zerdrückten Knoblauchzehen, dem fein gehackten Dill, dem Olivenöl, Salz und Pfeffer in eine Plastikschüssel geben und mit dem Joghurt oder Sauerrahm vermischen. In einer Schale anrichten und noch ein paar Tropfen Olivenöl, etwas Dill und Paprikapulver darübergeben.

TARAMOSALATA

Zutaten:

150 g rohe Tarama-Fischrogen (erhältlich im griechischen Feinkostgeschäft) • 200 g Semmelbrösel • Saft von 2 Zitronen • ½ l Olivenöl

Zubereitung:

Die Zubereitung von Taramosalata ist kompliziert und es gibt die Creme inzwischen in vielen Lebensmittelgeschäften zu kaufen. Vor allem muss man bei der Mischung von Olivenöl und Zitronensaft aufpassen, um nicht zu viel Öl zuzugeben.

Die Semmelbrösel mit dem Tarama-Fischrogen in ein Gefäß geben, etwas zusammendrücken, 200 ml kochendes Wasser dazuschütten und 1 Stunde stehen lassen, damit die Eier aufplatzen.

Das Gemisch in einen Mixer geben, langsam rühren und nach und nach abwechselnd Zitronensaft und Olivenöl hinzugeben. Es soll eine glatte, rosarote Creme entstehen.

SINGEN MACHT APPETIT

Unsere Familie feiert wieder einmal gemeinsam. Essen und singen, das tun wir fast immer, wenn wir uns treffen – vor allem, wenn wir unter freiem Himmel feiern. Treffpunkt ist Korfu, im Garten von Tante Pinelopi und Onkel Manfred. Für Tante Iphigenia und Onkel Yusuf ist das von Venedig mit der Fähre nur ein kurzer Ausflug. Tante Ourania und Onkel Theofilos treffe ich schon auf dem Münchner Flughafen, und stolz zeigt mir mein Onkel die Tasche mit den obligatorischen Nürnberger Bratwürstchen. Dann umarmt meine runde Honignudel-Tante mit ihren Gladiatorenarmen meinen Teseo und gibt ihm rechts und links einen lauten Kuss auf die Wange. Ja, er kommt auch mit!

Vor ein paar Tagen, als wir in einem Café saßen, fragte er mich zögerlich, was ich zu Pfingsten vorhätte und ob wir zusammen nach Italien fahren könnten. Ich antwortete, dass ich die Ferien mit meiner Familie auf Korfu verbringen werde, das sei schon ausgemacht. Er sah mich lange an, vielleicht abwartend, ob ich ihn einladen würde. Ich wich seinem Blick aus, schaute auf meine Uhr und stand auf. Ich war wirklich in Eile. »Wir sehen uns heute Abend«, sagte ich nur, gab ihm einen flüchtigen Kuss und ging.

Ihn mitnehmen und dann ständig für ihn verantwortlich sein? Ihm pausenlos übersetzen müssen, was die anderen auf Griechisch sagen? Ihm die Witze verständlich machen? Puh! Das ist harte Arbeit. Das kenne ich schon von meiner früheren Beziehung.

Abends hatte ich Entenbrustfilet gebraten und wir setzten uns an den Tisch. Teseo war schweigsam. Ob er mein Zögern heute Mittag bemerkt hatte?

»Kommst du mit nach Korfu?«, fragte ich ihn spontan, ohne viel darüber nachzudenken. Seine Antwort überraschte mich.

»Ich bin mir nicht so sicher, ob ich das will«, erwiderte er. »Eigentlich hatte ich vor, nach Italien zu fahren, um mich dort auf meine Doktorarbeit zu konzentrieren. Ich dachte, du willst auch schreiben, und wir könnten dort in Ruhe tagsüber gemeinsam arbeiten und die Abende in schönen Trattorien und bei romantischen Spaziergängen am Tiber genießen. Bei deinen Verwandten auf Korfu wird es ja sehr turbulent zugehen.«

»Aber das sind doch nur ein paar Tage!«, meinte ich. »Und ich würde mich sehr freuen, wenn du mitkommst. Nach dem Pfingstfest kannst du ja mit der Fähre nach Venedig fahren und von dort weiter nach Rom, um ein paar Tage konzentriert zu arbeiten. Kommst du mit?«

»Gut, dann komme ich mit«, antwortete Teseo plötzlich ganz entschieden, und ich war glücklich, dass er nicht mit dem »Soll ich, soll ich nicht?« begonnen hatte, und mit den ganzen Analysen, wie sie bei Paaren in Deutschland üblich sind.

Teseo ist also jetzt da, gibt beim Check-in-Schalter unser Gepäck auf, kauft eine Zeitung und beginnt mit Onkel Theofilos ein Gespräch über die verschiedenen Fleischsorten beim Grillen. Theofilos fragt ihn, ob die Griechen schon in der Antike mit so viel Leidenschaft gegrillt hätten. Teseo bejaht und fügt hinzu, dass die alten Römer diese Tradition jedoch nicht übernommen hätten.

»Klar! Grillen braucht Konzentration und Ausdauer – also Muße. Ich glaube, die alten Römer hatten zu viel zu tun, um ihr Imperium und ihre Macht zu sichern. Solche Sorgen hatten die alten Griechen nicht. Sie interessierten sich mehr für das Fest und das Gespräch. Genauso wie ich!«, lacht Theofilos und glättet seinen Schnurrbart. Im Flugzeug sitzen die beiden nebeneinander und brechen immer wieder in Gelächter aus.

Ich denke über meine Beziehung zu Teseo nach. Ich glaube, sie ist deshalb so seltsam, weil sie mit einer Bestellung meiner Tanten begonnen hat. Teseo ist ein bestellter

Koch, aus dem ich einen Liebhaber gemacht habe. Und wahrscheinlich schätze ich ihn daher manchmal nicht genug … Na ja, oder analysiere ich jetzt auch schon so fürchterlich wie meine deutschen Freundinnen? Neben mir schnarcht Tante Ourania und in weniger als zwei Stunden sind wir auf Korfu.

Onkel Manfred holt uns vom Flughafen ab. Nach einer herzlichen Begrüßung verstaut er das Gepäck im Kofferraum und öffnet Theofilos die Beifahrertür. Bevor er den Motor anlässt, dreht er sich zu mir nach hinten um und sagt: »Yusuf ist übrigens nicht gekommen, nur Iphigenia, und sie ist sehr schweigsam, irgendwie bedrückt. Wir haben noch nicht herausbekommen, ob sie sich gestritten haben.« Dann fährt er los und die beiden Männer beginnen gleich, über das geplante Grillen zu sprechen. Ich denke an Tante Iphigenia und wie betrübt sie vor ein paar Tagen am Telefon klang. Was wohl mit den beiden los ist? Onkel Manfred erzählt, dass er schon die Lamm- und Schweinekoteletts sowie die Hühnerbeine besorgt hat. Onkel Theofilos prahlt mit seinen deutschen Bratwürsten, den Schweinswürsteln und den Schweinerippchen aus Nürnberg. Noch nie habe ich Frauen erlebt, die so begeistert vom Grillen reden, geschweige denn selbst gerne grillen. Das ist eindeutig Männersache, denn sie konkurrieren pausenlos miteinander. In Griechenland werden sie schon als kleine Jungs von zwölf, dreizehn Jahren in diese Kunst eingeweiht. Das perfekte Grillen im Freien zeugt nicht nur von Männlichkeit, sondern auch von Traditionsbewusstsein. Die erste überlieferte Grillparty unter freiem Himmel fand während des Trojanischen Krieges vor den Mauern der Stadt statt. Wie schreibt Homer so schön:

»*An das leuchtende Feuer schob Patroklos die mächtige Fleischbank, legte die Rücken darauf von Schaf und gemästeter Ziege, auch ein überaus fettes Stück vom Rücken des Mastschweins. Automedon hielt fest, der edle Achilleus zerlegte, schnitt dann in Stücke die Teile und steckte sie alle auf Spieße, und der göttliche Sohn des Menoitios schürte die Flamme. Als das Feuer herabgebrannt war und die Flamme erloschen, harkte er breit die Glut und legte die Spieße zum Rösten über die Stützen und streute das Salz auf, die Gabe der Götter. Anschließend briet Patroklos das Fleisch, legte es auf die Anrichtetische und teilte das Brot in prächtigen Körben über den Tisch hin aus. Achilleus verteilte den Braten, nahm dann Platz gegenüber dem göttlichen Helden Odysseus, an der anderen Wand, und hieß den Gefährten Patroklos opfern den Göttern, der warf die Gaben des Opfers ins Feuer. Wacker sprachen sie zu den dargebotenen Speisen.*«

Zu Hause begrüßt uns Tante Pinelopi, begeistert, dass Teseo mitgekommen ist – sie fühlt sich bestätigt, denn sie war diejenige, die vor drei Monaten die Annonce für einen Koch aufgegeben hat. Sie zeigt uns unser Zimmer.

»Was ist denn mit Onkel Yusuf und Tante Iphigenia los?«, frage ich sie flüsternd.

»Keine Ahnung! Sie sagt, Yusuf musste im letzten Moment übers Pfingstwochenende Krankenhausdienst machen. Sonst nichts. Aber ich glaube, da ist noch etwas. Vielleicht kriegst du es raus.«

Etwas später schlage ich meiner Tante Iphigenia vor, mit mir auf einen Ouzo mit Meze nach Paleokastritsa zu fahren. »Da kenne ich ein kleines, sehr gemütliches Kafenio mit schöner Aussicht.«

Es ist vier Uhr nachmittags und auf der Fahrt im offenen Auto blendet uns das leuchtende Blau des Meeres. Ich bin gierig nach Licht, das macht mich leicht und fröhlich, und es vertreibt die dunklen Sorgen. Im Kafenio erzählt mir Tante Iphigenia, dass sie ihren Mann verdächtige, eine Affäre mit einer jüngeren Ärztin zu haben. Immer sei er weg, immer habe er Wochenenddienst. Zufällig sei diese Ärztin dann auch immer in der Klinik.

»Das glaube ich nicht. Nicht bei Onkel Yusuf! Er trägt dich doch auf Händen! Du solltest sofort mit ihm darüber reden! Und Tante, erinnerst du dich, wie oft du für zwei und mehr Wochen bei mir in München gewesen bist? Meinst du etwa, er hat da auch geglaubt, dass du einen Liebhaber in München hast?«

»Ich möchte mich nicht lächerlich machen«, sagt meine Tante. »Ich war immer unbekümmert, an solche Geschichten habe ich doch gar nicht gedacht! Vielleicht kommt meine Unsicherheit davon, dass ich jetzt älter bin. Aber in letzter Zeit gibt er mir auch Anlass dafür. Er spricht so begeistert von Dr. Merhadi, dieser iranischen Ärztin, und wie gewissenhaft sie sei.«

»Liebe Tante, das muss nicht unbedingt etwas bedeuten. Ich glaube, du bist einfach unzufrieden mit dir, deshalb machst du dir solche Gedanken. Warum fängst du nicht wieder an zu zeichnen? Du könntest neue Karikaturen machen, Italien bietet doch gerade so viele politische und soziale Reizthemen. Informiert bist du auch, und Humor hast du sowieso!«

Sie schaut mich skeptisch an und sagt nichts. Dann lenkt sie das Gespräch auf Teseo. Ich habe aber keine Lust, auf dieses Thema einzugehen.

»Weißt du was?«, sagt sie ernst, »du bist Teseo gegenüber sehr verschlossen. Das habe ich gesehen. Du tust so, als ob er rein zufällig bei uns ist und nichts mit dir zu tun hat. Du bist ein Trotzkopf. So geht man mit der Liebe nicht um!« Ich erwidere nichts. Ein Trotzkopf? Ja, vielleicht …

Am nächsten Morgen treffen sich Manfred und Theofilos schon ganz früh im großen Garten beim überdachten Grillplatz, um die Kohlen anzuzünden. Sofort wird es laut: Jeder will den anderen mit seinem Wissen über die einzig richtige Kunst des Grillens übertreffen. Tante Iphigenia sitzt bereits in einem Schaukelstuhl und verfolgt etwas abwesend das Geschehen. Bald gesellt sich auch Cousin Petros hinzu, der extra zum Pfingstfest aus Michigan angereist ist. Er ist noch müde – sein Vater hat jedoch darauf bestanden, dass er beim Grillen dabei ist – und beginnt, leicht gelangweilt, leise auf seiner Laute zu zupfen. Tante Ourania kommt in den Garten, macht das Radio an und singt bei einem traditionellen Volkslied lautstark mit.

Onkel Manfred ruft: »He, Theofilos! Das hier sind doch wohl richtig gute Lammkoteletts! Was sagst du dazu?«

Onkel Theofilos will es allerdings genauer wissen: »Sind sie denn auch aus der linken Lammseite?«

Onkel Manfred ist perplex – dann lacht er sich kaputt. »Ist doch egal, von welcher Seite die stammen!«

Aber das sieht der Experte Theofilos anders: »Weißt du etwa nicht, dass die besten Koteletts die aus der linken Seite sind? Weil das Lamm nie auf seinem Herzen schläft, sondern immer nur auf der rechten Seite. Das Fleisch dort ist dann härter, weil es ständig gedrückt wird. Geheimtipp von einem alten Hirten!«

»Hahaha! Das sind ja schlaue Kleinigkeiten!«, lacht Onkel Manfred.

Aber für Onkel Theofilos, der am Olymp als Hirtenjunge aufgewachsen ist, sind das eben keine Kleinigkeiten, sondern wichtige Details der Grillkunst!

»Dazu muss man noch wissen, wo das Tier geweidet hat, woher es kommt, wie alt es ist, wie man es schneidet. Die Koteletts müssen mindestens zwei Finger dick sein! Und das richtige Würzen ist wichtig – also mit Salz, Pfeffer, Knoblauch, Zwiebeln, und dann taucht man das Fleisch in Öl mit Zitrone oder Essig«, erklärt Onkel Theofilos.

Aber Onkel Manfred muss natürlich wieder dagegenhalten: »Theofilos, meine Koteletts liegen schon seit zwei Tagen in meiner berühmten Marinade aus Öl, Essig, Knoblauch, Senf, Tomatenmark, Wein und Gewürzen. Da brauchst du mir nichts erzählen. Darin bin ich Meister!«

»Ha, da du über deine Marinade sprichst: Weißt du, was meine Ourania macht?«, unterbricht Onkel Theofilos ihn stolz. »Sie nimmt die angebrochenen Senf-, Meerrettich- und Ketchupgläschen, die sich im Kühlschrank angesammelt haben, und kreiert aus den Resten eine einmalige Marinade, verfeinert mit etwas Wein, gewürzt mit Salbei oder Rosmarin, schwarzem Pfeffer und Knoblauch.«

Cousin Petros legt seine Laute beiseite. »Wann sind die ersten Koteletts denn fertig?«, fragt er etwas ungeduldig. »Reicht das Fleisch für so viele Leute oder soll ich noch die Rindersteaks aus dem Kühlschrank holen?«

»Bloß nicht!«, ruft Onkel Theofilos entsetzt. »Man grillt nur helles Fleisch, also Lamm, Kalb, Schwein, Huhn oder Pute, aber niemals Truthahn, Ziege oder gar Rind oder Wild.«

»Theofilos, du übertreibst!«, sagt Onkel Manfred. »Natürlich eignet sich dieses Fleisch auch zum Grillen, wenn man es vorher mariniert. Na gut, ich würde jetzt kein Wild nehmen, das ist ja viel zu trocken. Aber ein feines mariniertes Rindersteak, ganz heiß und kurz gegrillt, das kann besonders lecker werden!«, sagt Onkel Manfred und ist zufrieden mit sich – und vor allem damit, dass Teseo, der inzwischen dazugestoßen ist, ihm ganz aufmerksam zuhört.

»Das beste Grillfleisch ist vom Schwein oder vom Lamm«, beharrt Theofilos. »Petros, hier habe ich dir ein paar Bratwürstchen auf den Teller getan, wenn du so einen Hunger hast!«

»Danke, Onkel Theofilos! Aber ich warte lieber auf das Fleisch. Ihr wollt mich wohl erst einmal mit Würstchen satt kriegen? Niemals!«

»Gib her!«, sagt Tante Iphigenia schnell, bevor Onkel Theofilos beleidigt sein kann – seine schönen Nürnberger Bratwürstchen! Es scheint ihr etwas besser zu gehen. Dann kommt sie wieder zu mir: »Du bist zu bockig, wartest, bis dein Freund zu dir kommt. Es fällt dir nicht ein, dass du ihn auch mal verwöhnen könntest. So, jetzt nimmst du ein Bratwürstchen von meinem Teller und fütterst ihn!«, befiehlt sie mir.

Seit wir hier angekommen sind, lässt Teseo mich in Ruhe, er spricht wenig und beobachtet viel. Manchmal setzt er sich in eine Ecke im Garten und liest in seinem Buch. Er hat mich bis jetzt nicht einmal gefragt, was dies oder jenes auf Griechisch heißt. Ich glaube, er versteht alles. Manchmal kommt er zu mir, lächelt mich an, drückt meine Hand oder rückt zärtlich meinen Schal zurecht, und dann entfernt er sich wieder. Nun gehe ich zu ihm hinüber und biete ihm mit einem verführerischen Zwinkern die Hälfte meines Würstchens an. Er drückt mich an sich und sagt: »Hier gefällt es mir sehr, aber vor allem gefällst du mir sehr.« Er sagt einfach nur das, sonst nichts, und das mag ich an ihm – er ist nicht so geschwätzig wie die meisten Italiener. Oho, jetzt muss ich selbst über meine Klischeevorstellungen lachen!

Die Sonne scheint angenehm warm an diesem Tag und es weht eine leichte Brise. »Mmh, das riecht ja himmlisch!«, rufen die Männer.

»Na ja«, bemerkt Tante Pinelopi mit ihrer rauen Stimme, »das Fleisch ist immer noch nicht fertig – viele Köche verderben eben den Brei! Aber eins muss man zugeben: Deutsche und Griechen sind wahre Meister im Grillen! Habt ihr schon mal einen Franzosen oder einen Italiener grillen gesehen?« Teseo grinst. »Die Türken grillen zwar auch«, fährt meine Tante fort, »aber nicht so gut wie wir!«

»Genau! Wenn die Griechen etwas mit den Deutschen gemeinsam haben«, unterbricht Tante Ourania sie, »dann ist es die Liebe zum gegrillten Fleisch – und zur Antike!«

Dann beginnt sie wieder zu singen und alle, die schon ihre Plätze rund um den Tisch eingenommen haben, fallen in das traditionelle griechische Weinlied ein:

»Verwandelte sich das Meer in Wein,
würden die Berge Häppchen sein,
Weinkelche die kleinen Ruderboote,
für Feiernde die besten Angebote.«

Auch Onkel Manfred setzt sich an den Tisch, überlässt Theofilos das Grillterrain und schneidet das Brot, während die Frauen allerlei zauberhafte Vorspeisen auf den Tisch stellen: Tante Pinelopi bringt eine große Platte mit prallen, tiefroten Tomaten, die mit Mozzarella und Basilikum gefüllt sind, und Tante Iphigenia präsentiert einen Auflauf mit gebratenen Auberginenscheiben, Schafskäse und darüber gestreuten Minzeblättern – köstlich! Schnell setze ich mich neben sie. Sie beugt sich zu mir und flüstert: »Ich habe die ganze Nacht auf Papierbögen gekritzelt. Kommst du später in mein Zimmer, um dir meine Zeichnungen anzuschauen?«

»Gerne! Ich bin gespannt!«, erwidere ich und gebe ihr einen Kuss.

»Warum werden hier Küsse verteilt? Ich bin mit von der Partie!«, lacht Teseo und setzt sich neben mich.

»Männer!«, ruft Tante Pinelopi ungeduldig. »Wann ist denn das Fleisch endlich fertig? Durch den herrlichen Duft haben wir schon riesigen Hunger bekommen und wenn wir noch mehr Vorspeisen essen, passt bald nichts mehr rein!«

Onkel Theofilos verteilt die ersten Lammkoteletts.

»Jaaa, auch Singen macht Appetit!«, ruft Tante Ourania und singt wieder munter weiter:

»Singen fördert die Verdauung
und vermindert jede Stauung.
Sauerstoff belebt das Blut,
dazu ist das Atmen gut.
Wer lang atmet und lang singt,
es zu hohem Alter bringt!«

GRILLFLEISCH-TIPPS:

Am besten eignen sich Lamm- und Schweinekoteletts, Hühnerschenkel, Putenfilets.

Das Fleisch von beiden Seiten mit Öl, Pfeffer und Oregano oder Thymian würzen, etwas Wein dazugeben und mindestens 3 Stunden stehen lassen – oder noch besser über Nacht in den Kühlschrank stellen. Man kann auch eine Marinade auf Öl-, Kräuter- und Weinbasis machen, eventuell noch Dijon-Senf und Zwiebeln dazugeben, die Fleischstücke darin einlegen und 1–2 Tage im Kühlschrank ziehen lassen. Kurz vor dem Grillen salzen.

SENF-INGWER-MARINADE

2 EL scharfer Senf • 1 EL süßer Senf • 2 EL Ketchup • 1 EL Ingwermarmelade • ½ TL Paprikapulver • 1 EL Kräuter der Provence • 1 Msp. frisch gemahlener Pfeffer • 60 ml Balsamico-Essig • 100 ml Olivenöl

ONKEL THEOFILOS IST HINTER NÜRNBERGS SCHÄFCHEN HER

Schon zu Pfingsten hatten Tante Ourania und ich besprochen, dass wir uns bald in Deutschland wiedersehen würden.

»Ihr kommt ja doch nicht nach München«, beklagte ich mich dann einige Wochen später am Telefon. »Also komme ich jetzt zu euch! Und ich bringe auch ein großes Stück Feta mit.«

Meine Tante wartet am Bahnsteig auf mich. »Na, was hältst du von einem kleinen Ausflug in die nahe Umgebung?«, sind ihre ersten Worte nach der herzlichen Umarmung.

Es ist noch früh und ich bin für alles zu haben, nur nicht für komplizierte Geschichten. Ich nicke etwas müde. »Fein«, sagt Tante Ourania, »dann fahren wir gleich los.« Nach einigen Kilometern rollen wir langsam über eine kleine Brücke, parken, und schon wandern wir entlang der Pegnitz auf ein Erlenwäldchen zu. »Lass dich einfach von der schönen Landschaft, den Blumen und ihrem Duft inspirieren«, sagt meine Tante. Wir passieren einen kleinen Weiher und vor uns breitet sich die fruchtbare Pegnitzebene mit ihren einzeln stehenden Weiden aus.

»Früher zogen regelmäßig Wanderschäfer durch dieses Tal, auf ihrem Weg von Altdorf in den fränkischen Rangau«, erzählt Tante Ourania. »Heute ist hier eine der letzten verbliebenen Schafweiden Nürnbergs. Im Sommer überfluten rosa Teppiche von Sandgrasnelkenblüten die Felder, es ist atemberaubend schön«, schwärmt sie.

»Tante, woher weißt du das nur wieder alles?«

»Dein Onkel Theofilos und ich kommen oft hierher. Es gefällt ihm sehr, das alles erinnert ihn an seine Kindheit, als er schon als Zehnjähriger mit seinem Vater die Schafe und Ziegen hütete. Einer der hiesigen Schäfer ist Türke und die beiden haben jedes Mal einiges auszutauschen. Mehmet und sein Sohn Cenan versorgen uns außerdem mit den besten Lammkoteletts der Gegend. Ab und zu machen sie auch noch Schafskäse. Obwohl diese Landschaft so ganz anders ist als die kargen Bergtäler Griechenlands, fühlt sich Theofilos hier sehr wohl. Und die Ziegen von Mehmet sind unsere Wegweiser, wenn wir nach essbaren Kräutern und Blumen suchen.«

»Essbare Blumen? Wegweiser? Wie meinst du das, Tante?«

»Wir halten uns an die Tiere. Wenn sie ein bestimmtes Kraut oder eine Blume fressen, haben wir keine Angst, sie auch zu probieren. Du wirst nie eine Ziege Oleander oder Maiglöckchen fressen sehen, die sind giftig«, erklärt sie.

Wir nehmen den Pegnitztalweg und schlendern jetzt durch eine besonders reizvolle Landschaft. »Im Frühling gibt es viele essbare Blumen«, fährt meine Tante fort. »Jetzt ist zwar Sommer, aber es blühen immer noch einige Pflanzen. Die Holundersträucher zum Beispiel. Die Blüten sind besonders lecker, wenn du sie in Pfannkuchenteig tauchst, dann in heißem Öl knusprig brätst und mit Honig servierst. Oder die Kapuzinerkresse mit ihren leuchtend roten, gelben und orangefarbenen Blüten – die Wiese da vorne ist voll davon. Nicht nur ihre Blätter, auch die Blüten eignen sich gut für pikante Gerichte, sie schmecken würzig-scharf. Auch als Dekoration von Salaten sind sie wunderschön. Essbare Blumen passen übrigens sehr gut zu Frischkäse oder zum griechischen Joghurt.«

Zu Hause schmücken wir ein paar Vasen mit den Blumen, die wir gepflückt haben. Dann hat Tante Ourania noch eine Überraschung: Auf dem Markt hat sie blühende Oreganosträußchen gefunden, im Kühlschrank lagern griechischer Joghurt und Ziegenkäse – und daraus macht sie jetzt für uns eine Tarte, die sie mit einem Teil der Blümchen garniert. Die ganze Wohnung duftet nach Oregano.

Onkel Theofilos ist hingegen mehr von meinem Fetakäse beeindruckt. Er schneidet ein großes Stück ab, zerbröselt es mit seiner Gabel, tut noch reichlich Olivenöl darüber, frischen Pfeffer aus der Mühle sowie etwas Oregano und tunkt dann ein Stück Brot hinein.

»Mmh! Gib mir Feta und griechisches Olivenöl, und ich will gar nichts anderes!«, ruft er und schenkt sich etwas Retsina aus einer großen Flasche ein.

»He, wir wollen auch von dem guten Wein!«, fordert meine Tante.

»Gleich doch! Dieser Feta ist toll«, meint mein Onkel. »Griechischer Feta ist wirklich der beste Käse!«, bekräftigt er noch einmal und schenkt uns nun endlich auch ein. »Zum Wohl!«, ruft er und wischt sich den Retsina vom Schnurrbart.

»Ich habe in meinem schlauen Büchlein gelesen«, erzähle ich, »dass über den Fetakäse erstmals im Jahr 1494 berichtet wurde: Ein italienischer Reisender sah damals im Hafen von Chania auf Kreta den in Holzfässern gelagerten Schafskäse. Später gab man ihm den Namen ›Feta‹, das bedeutet ›Scheibe‹, weil der Käse in Scheiben geschnitten in den Salzlakefässern lag. Dieser Italiener brachte den Feta dann nach Italien und Europa.«

»Weißt du was«, sagt mein Onkel Theofilos, »ich kenne mich auch ein bisschen mit der Historie dieses Käses aus. Wir sind deinem Italiener im Hafen von Chania natürlich sehr dankbar, aber Feta gab es bereits im antiken Griechenland! Damals hieß er natürlich nicht Feta, sondern Schafs- oder Ziegenkäse. Homer schreibt in der Odyssee, dass der Zyklop Polyphem in seiner Höhle Schafskäse machte: Er bewahrte die Milch seiner Schafe in Säcken aus Schafsmagen auf, bis sie dick wurde. Und genauso hat das mein Vater in unserem Dorf auf dem Olymp gemacht!«

»Morgen mache ich euch mit Fetakäse gefüllte Zucchini und Hühnerbrustfilet mit Sesam-Feta-Bällchen«, kündigt Tante Ourania an. »Aber was ist denn nun mit meiner Tarte mit Oreganoblüten und Ziegenkäse?«

»Der werden wir, liebe Ourania, auch alle Ehre machen!«, ruft Onkel Theofilos aus. Ich schmunzle über diese griechische Redewendung und schon stopft er sich ein großes Stück Tarte in den Mund.

»Übrigens«, sagt er, bevor er nach dem nächsten greift, »ich habe Mehmet in den letzten Jahren ein wenig bei der Schafskäseproduktion geholfen und ihm ein paar besondere Tricks gezeigt!«

»Zum Beispiel?«, frage ich interessiert.

»Zum Beispiel, dass er in das Gefäß mit der Salzlake auch kleine Rosmarinzweige tun kann, oder meinetwegen deine Oreganoblümchen, Ourania. Dann nimmt der Feta diesen Duft an. Mehmets Käse ist inzwischen besonders begehrt und für meinen Tipp gibt er mir jedes Jahr ein großes Stück Feta gratis.«

TARTE MIT ZIEGENKÄSE UND OREGANOBLÜTEN

Zutaten:

150 g Mehl • Salz • 150 g Butter • 4 EL Oreganoblüten • 1 Ei • 240 g frischer Ziegenkäse • 200 g abgetropfter griechischer Joghurt • Pfeffer

Zubereitung:

Das Mehl und eine Prise Salz zusammen mit der Butter von Hand oder im Mixer verrühren. 3 EL kaltes Wasser hinzufügen, die Mischung zu einem kleinen Ball formen, in Frischhaltefolie wickeln und ½ Stunde im Kühlschrank stehen lassen. Den Backofen auf 200° C vorheizen.

Den Teigball aus dem Kühlschrank nehmen, kurz durchkneten und mit einem Nudelholz auf die Größe einer runden Backform ausrollen. Den Teig in die Form legen und mit den Fingern den Rand hochziehen. Dann den Teigboden mit einer Gabel ein paar Mal durchstechen und die Backform 20 Minuten ins Tiefkühlfach stellen. Anschließend die Oberfläche des Teigs mit Backpapier abdecken und bei 200° C 15 Minuten backen. Erkalten lassen und inzwischen die Füllung zubereiten.

Dafür das geschlagene Ei mit dem Ziegenkäse, dem Joghurt, etwas Salz und Pfeffer verrühren und 2 EL Oreganoblüten hinzufügen. Die Masse in die Tarteform füllen und erneut mit Backpapier abdecken. Für ½ Stunde in den 190° C warmen Backofen schieben. Wenn die Tarte abgekühlt ist, mit den restlichen Blüten garnieren.

SESAM-FETA-BÄLLCHEN

Zutaten:
300 g Fetakäse • 300 g Frischkäse • Salz, Pfeffer • 100 g getrocknete Pflaumen • 50 g Sesam

Zubereitung:
Den Fetakäse mit einer Gabel zerdrücken und mit dem Frischkäse vermischen. Mit Salz und Pfeffer abschmecken. Die Pflaumen klein hacken und unterrühren. Aus der Masse kleine Kugeln formen und diese in Sesam wälzen.

POMMES D'AMOUR FÜR DIE RICHTIGE PRINZESSIN

»Ich habe euch Paradiesäpfel mitgebracht!«, ruft Onkel Theofilos, als er am nächsten Nachmittag wieder aus dem Gemüsegarten kommt, und stellt vorsichtig zwei schwere Taschen auf den Boden.

»Was für Paradiesvögel?«, frage ich verwundert.

»Paradies-äp-fel!«, betont Onkel Theofilos. »Das sind die perfektesten, rundesten, begehrtesten, aromatischsten Früchte, die du je gesehen hast. Sie stammen aus Mexiko. Mach mal die Augen zu!«

»Komm, mach es nicht so spannend«, sagt meine Tante Ourania und lacht. »Dein Onkel ist völlig in seine Pommes d'amour vernarrt. Er behauptet sogar, dass der trojanische Prinz Paris vor viertausend Jahren der schönen Aphrodite nicht den goldenen Apfel gegeben hat, sondern eine Pomme d'amour, einen Apfel der Liebe!«

Nein, ich glaube es einfach nicht: Tante Ourania, die sonst wenig gesprächig ist, parliert auf einmal Französisch und schwelgt in antiken Geschichten! Und Onkel Theofilos scherzt über die große weite Welt! Mexiko! »Wann seid ihr denn bitte in Mexiko gewesen?«, frage ich.

»Letztes Jahr auf dem Straßenfest der Kulturen in Nürnberg! Da habe ich eine Gruppe Mexikaner getroffen. Sie haben Musik gemacht, ich habe ihnen Ouzo ausgegeben und sie haben mir diese Zaubersamen geschenkt. Ich habe sie eingepflanzt und daraus sind dann diese unglaublichen Früchte gewachsen.«

Onkel Theofilos macht eine Papiertüte auf und holt – pralle rote Tomaten heraus! Zugegeben, in Form und Größe sind sie wunderschön. Ich bin überrascht.

»Onkel, meintest du mit Pommes d'amour etwa … die Tomaten?«

»Ja, aber was für Tomaten! Solche hast du bisher weder gesehen noch gegessen! Wahre Paradiesäpfel, wie die Österreicher sagen. Komm, nimm mal einen in die Hand. So! Und jetzt streichle ihn und schnuppere dran. Hat er nicht die zarteste Haut der Welt? Und der Duft? Die Konsistenz? Prall, erotisch! Wie meine Ourania!«

»Also doch nicht Honignudel. Ab jetzt lieber Paradiesapfel!«

»Hört auf, euch mit mir zu beschäftigen!«, ruft meine Tante und ist schon etwas rot im Gesicht. Mein Onkel Theofilos findet die Tomaten erotisch! Ich kann kaum aufhören zu lachen, aber irgendwie hat er recht. Diese Tomaten haben einfach einen unglaublichen Tomatenduft.

»Xitomatl!«, sagt er jetzt.

»Was?«

»Xitomatl, auf Aztekisch! Die Tomaten kommen aus Mittelamerika. Wir Europäer fanden das Xi sperrig und machten daraus Tomatl und später dann Tomaten.«

Onkel Theofilos reiht eine Tomate neben der anderen auf dem Fensterbrett im Wohnzimmer auf. »Heute Abend können wir den Rest der Oreganoblümchen-Tarte und der Feta-Sesam-Bällchen essen, wenn ihr einverstanden seid«, schlägt meine Tante vor. »Und morgen bereite ich dann zum Mittagessen gefüllte Paradiesäpfel.« Ja, wir sind einverstanden!

Am nächsten Vormittag, gegen elf Uhr, bekommt Onkel Theofilos eine SMS, schaut von seiner Morgenzeitung hoch, streicht über seinen Schnauzbart und blickt stolz auf die roten Exotinnen, die immer noch auf dem Fensterbrett stehen und ihren Duft verströmen. »Sind sie nicht eine Wucht, diese Paradiesäpfel? Jetzt brauchen wir nur noch einen Prinzen, der uns verrät, welche von euch beiden die Schönste ist und den Paradiesapfel bekommen soll.« Dann geht mein Onkel zu Tür, öffnet sie und dort … dort steht tatsächlich ein Prinz – mein Prinz! Teseo lächelt uns an.

»Na, habe ich das nicht gut eingefädelt?«, fragt Tante Ourania, die in ihren Händen zwei Tomaten hält. Teseo gibt mir lächelnd einen flüchtigen Kuss, nimmt von meiner Tante die Tomaten entgegen und geht mit ihr in die Küche.

»Ich wollte schon immer mal lernen, wie man gefüllte Tomaten zubereitet«, sagt er. Etwas verwundert schaue ich Onkel Theofilos an.

»Liebe Eleana, du hast verloren! Er hat sich für meine Prinzessin entschieden!«, meint er lächelnd und glättet schon wieder seinen Schnurrbart. »Und jetzt decken wir den Tisch. Die anderen sind ja beschäftigt. Ich mache aber vorsichtshalber die Küchentür zu, sonst regt der Duft derart deinen Appetit an, dass du noch anfängst, mexikanisch zu tanzen!« Ich erwidere nichts, nehme die Teller aus dem Schrank und denke nach. Ist Teseo jetzt Teil unserer Familie geworden? Irgendwie geht mir diese Selbstverständlichkeit auf die Nerven. Wieso lädt Theofilos ihn ein? Und warum kommt Teseo einfach so, ohne es mir zu sagen? Ist das normal? Falls es normal ist, verabscheue ich die Normalität, weil sie die erotische Spannung zwischen uns tötet. Von meinem zärtlichen, liebevollen Teseo bleibt dann nur der bestellte Koch übrig. Nun ja, meine Tante Iphigenia würde sagen, ich bin zickig.

Bis zum Essen habe ich mich wieder ein wenig beruhigt. Die gefüllten Tomaten schmecken himmlisch. Auch wenn die Zubereitung ein bisschen umständlich ist, werde ich dieses Essen in München ganz bestimmt nachkochen. Aber ohne Teseo, das schwöre ich!

Ich habe übrigens schon im Internet recherchiert: Es gibt bereits einen Film, ein Buch und eine Louis-Vuitton-Tasche namens »Pomme d'amour«! Ich kann mir also diesen Film ansehen, das Buch lesen und die Tasche kaufen. Und das alles, ohne dafür einen Prinzen zu brauchen!

GEFÜLLTE TOMATEN

Zutaten:
2 große Zwiebeln • 2 Zucchini • 70 g Pinienkerne • 200 ml Olivenöl • 1 Bund Petersilie • 2 EL fein gehacktes Basilikum • eine Handvoll Rosinen • 12 große Tomaten (sie sollten dick und hoch sein) • Salz, Pfeffer • 1 Prise Muskatnuss • 150 g zerbröselter Feta • 200 g Reis • 2–3 rohe Kartoffeln in Scheiben

Zubereitung:

Die Zwiebeln schälen und reiben, die Zucchini grob raspeln und mit den Pinienkernen zusammen in etwas Öl anbraten. Danach die fein gehackte Petersilie, das Basilikum und die Rosinen dazugeben, auch etwas anbraten.

Die Kappen der Tomaten abschneiden und beiseitelegen. Die Tomaten mit einem kleinen Löffel aushöhlen, das herausgenommene Fruchtfleisch mit der Gabel oder dem Pürierstab pürieren. Die Hälfte davon in einem Topf mit Salz, Pfeffer und Muskatnuss verrühren, 5 Minuten kochen lassen, ganz zum Schluss noch den Reis hinzugeben, umrühren und vom Herd nehmen. Der Reis darf nicht gar werden. Den zerbröselten Fetakäse untermischen, noch einmal umrühren.

Den Backofen auf 180° C vorheizen. Die Tomaten mit der Reismasse füllen, die Deckel daraufsetzen. Das restliche Öl mit dem übrigen Tomatenfleisch vermischen und darübergießen. Man kann auch geriebenen Zwieback über die Tomatendeckel streuen, damit sie knusprig werden. Zwischen die Tomaten auf dem Backblech ein paar Kartoffelstücke schieben. Im vorgeheizten Backrohr bei 180° C 1 ¼ Stunden garen.

Man kann in die Füllung auch etwas geriebenen Knoblauch geben oder die Tomaten mit Hackfleisch füllen. Ich persönlich finde sie mit Reis, Zucchini, Pinienkernen und Rosinen besonders lecker.

ROSENKRIEG UND ROSENBLÄTTER

Nach dem Essen sitzen wir alle noch um den Tisch herum und Tante Ourania serviert uns den Kaffee. »Wir ruhen uns etwas aus und dann bringe ich euch mit dem Gepäck zum Bahnhof«, sagt Onkel Theofilos. Er will uns eine ganze Tasche Pommes d'amour mitgeben.

»Und vergiss nicht die Gläser!«, ruft Tante Ourania.

»Was für Gläser?«, will ich wissen.

»Na, die zwei mit den eingemachten Rosenblättern, die ich für dich auf die Anrichte gestellt habe!«

»Tante, ich habe selbst genug eingelegtes Obst!«

»Ja, aber du hast keine Rosenblütenblätter. Als ich das letzte Mal bei dir in München war, habe ich deine Gläser genau inspiziert. Nichts!«, sagt sie.

In meinem Kühlschrank gibt es tatsächlich immer vier bis fünf große Gläser mit einem bunten, exotischen Inhalt: Blütenblätter und kleine Früchte, in Sirup eingelegt. Rosarote Rosenblätter, gelbweiße Zitronenblüten, grüne Mini-Auberginen, braune Feigen, gelbe Bergamotten, grüne Pomeranzen, orangefarbene Quittenstückchen und noch vieles mehr, was die Phantasie anregt. Jeder in unserer Familie hat einige von diesen Gläsern, die er dann mit den anderen tauscht.

Es ist eine uralte Tradition, in Griechenland und vielen Mittelmeerländern, diese extrem süßen, eingeweckten Früchte anzubieten. Jeder Gast, der zu Besuch kommt, aber auch jeder, der einfach kurz vorbeischaut, um etwas zu fragen, etwas vorbeizubringen oder zum Geburtstag oder Namenstag zu gratulieren, bekommt ein kleines Silbertablett serviert. Darauf befindet sich ein kleiner Teller mit einem Löffel Kirschen, Trauben oder Pflaumen in Zuckersirup, daneben stehen ein Glas Wasser und eine kleine Mokkatasse mit dem obligatorischen griechischen Kaffee. Kein Gast darf gehen, ohne ein paar der kleinen süßen Früchte gegessen oder zumindest probiert zu haben. Das wäre sonst eine Beleidigung für uns. Außerdem hat dieses Ritual seinen ganz eigenen Ablauf: Erst wird der kleine Teller, der übrigens nie ganz voll ist, leer gegessen, dann führt der Gast vorsichtig die Mokkatasse an die Lippen. Das macht er mehrmals, denn der Kaffee ist heiß und wird langsam getrunken. Und zum Schluss trinkt der Besucher das Glas mit dem kühlen Wasser.

»Wir haben ja als Kinder immer alles probiert«, erzählt Tante Ourania gerade Teseo. »Zum Beispiel die Blätter des wilden Sauerampfers, Veilchen und Gänseblümchen. Aus den roten Blüten des Wiesenklees haben wir den süßen Nektar gesaugt. Aber vor allem haben mich die Rosenblätter süchtig gemacht, ich konnte gar nicht aufhören, ihren Duft zu schnuppern und sie in Honig getaucht zu essen.«

»Sie haben Rosenblütenblätter gegessen?«, fragt Teseo erstaunt.

»Aber ja! Meine Mutter hat auch Marmeladen mit Rosenblüten abgeschmeckt. Und der zweitgrößte Genuss nach den Rosen waren die in Zuckersirup eingelegten Blüten des Zitronenbaums. Für den Geschmack der Deutschen sind die eingelegten Blüten und Früchte leider meistens zu süß«, bedauert Tante Ourania.

»Wenn ich Freunde zu mir einlade«, werfe ich ein, »serviere ich ihnen einfach zum Nachtisch Joghurt oder Sahnequark mit einem großen Löffel der angemachten Früchte. Die dicken, klebrigen Pomeranzen und die wilden Orangen schneide ich in kleinere Stücke und vermische sie mit dem Joghurt. Manchmal gebe ich sie auch auf Vanilleeis oder dekoriere damit meine Kuchen. In diesen Kombinationen finden meine Freunde die eingelegten Früchte sehr aromatisch. Kannst du mir vielleicht das Rezept für die eingelegten Rosenblütenblätter geben?«

»Natürlich, ich schreibe dir alles auf«, erwidert Tante Ourania. »Ich hoffe nur, dass du so viele biologische Rosenblätter findest!«

»Ich bringe meiner Prinzessin die schönsten Rosen und dann legen wir die Rosenblütenblätter gemeinsam in Sirup ein. Außerdem haben auch wir noch einiges zwischen uns in Sirup einzulegen«, sagt Teseo.

»Aber auch in Essig und Zitronensoße!«, erwidere ich giftig.

ROSENBLÜTENBLÄTTER IN ZUCKERSIRUP

Zutaten:

250 g Rosenblütenblätter (von ungespritzten Blumen, Ende Mai ist die beste Zeit) • 1 kg Zucker • 2 EL Zitronensaft • 1 EL Gelatine • 2–3 Tropfen Rosenöl (als Aromaverstärker, wenn man es mag)

Zubereitung:

Die Rosen früh am Morgen schneiden, wenn ihr Aroma am stärksten ist. Behutsam die Blütenblätter ablösen, die weißen Stellen am unteren Blattrand entfernen, weil sie manchmal bitter sind, und vorsichtig in einem Topf mit Wasser spülen. Rosenblütenblätter und Zucker miteinander verreiben und 3–4 Stunden stehen lassen. 500 ml Wasser dazugeben und alles erhitzen. Bei schwacher Hitze die Masse mit einem Holzlöffel vorsichtig umrühren, denn sie klebt sehr leicht an. Immer wieder prüfen, ob der Inhalt dickflüssiger wird. Dann den Zitronensaft und die Gelatine hineinrühren und den Topf vom Herd nehmen. Wenn die Masse etwas abgekühlt ist, kann man auch 2–3 Tropfen Rosenöl hineingeben.

Zum Servieren 1–2 Löffel Rosenblütenblätter auf Quark, Joghurt oder über Vanilleeis geben.

EIFERSUCHT BRENNT WIE BRENNNESSELN

»Wie geht es dir mit Teseo?«, fragt Tante Iphigenia, die mich plötzlich aus Venedig anruft.

»Wie soll es schon gehen? Er ist nach Nürnberg gekommen, um mich bei Tante Ourania abzuholen, und das hat mich genervt. Natürlich haben sie ihn angerufen und nach Nürnberg eingeladen, aber irgendwie finde ich seine gute Beziehung zu all meinen Verwandten langsam suspekt.«

»Du bist suspekt«, erwidert meine Tante. »Statt dich zu freuen, dass jemand sofort kommt, um dich abzuholen, dass jemand dich unterstützt und liebt, bist du wieder schwierig.«

»Liebe Tante, lassen wir doch das Gespräch über meine Liebesgeschichten. Sag mir lieber, wie es euch geht!«

»Dein Onkel Yusuf musste in großer Eile mit Dr. Merhadi verreisen, um an einem Kongress arabischer Ärzte in Beirut teilzunehmen. Wie findest du das?«

»Ich glaube nach wie vor, dass du dich nicht verrückt machen solltest, bevor du dich nicht vergewissert hast. Hast du denn inzwischen mit ihm geredet?«

»Nein, aber ich habe viele Skizzen gezeichnet und sogar wieder mit den Karikaturen begonnen. Das macht mir großen Spaß und ich danke dir, dass du mich auf die Idee gebracht hast. Ich habe sogar Kontakt zu einer kleinen Frauenwerkstatt mit einer Galerie in Venedig und ich könnte dort ausstellen, wenn ich fertig bin.«

»Na also! Tante, du bist toll! Ich bewundere dich. Aber bleib jetzt, wo er weg ist, nicht allein, komm nach München und nimm deine Skizzenblöcke, Stifte und Zeichnungen mit!«

Ja, sie komme gerne, sagt sie. Ohne Yusuf fühle sie sich allein in Venedig. Ich wundere mich sehr. Ausgerechnet Tante Iphigenia? Die verrückteste, selbstständigste und unabhängigste aller meiner Tanten kann plötzlich nicht ohne ihren Mann sein?

»Außerdem wollte ich schon längst mal wieder aus meinem venezianischen Trott heraus«, fährt sie fort. Jawohl, das himmlische Venedig nennt meine Tante »Trott«. Dann fragt sie mich, ob ich mit Teseo zum Bahnhof komme, um sie abzuholen. »Tante, ich bin immer zum Bahnhof gekommen, da gab es Teseo noch gar nicht! Lass ihn doch aus dem Spiel!«

Na gut, sagt sie, aber er könne ja dann zum Kaffeetrinken kommen!

Schon zwei Tage später hole ich sie am Münchner Hauptbahnhof ab. Ich sehe sie aus dem Zug steigen, in der rechten Hand ihren kleinen Rollkoffer, in der linken einen Korb, unter die Achsel geklemmt eine Mappe.

»Überraschung!«, sagt sie nach der festen Umarmung und gibt mir den Korb, der mit Alufolie bedeckt ist. »Brennnesseln in Polenta gebacken, mit Ricotta. Dazu natürlich echter Prosciutto Italiano, feiner, luftgetrockneter Schinken!«

»Tante Iphigenia, du hast bei dieser Hitze Essen mitgebracht?«

»Warum nicht? Ich habe es in einer Kühltasche verpackt. Die sechs Stunden im Zug von Venedig bis hierher hat es auf jeden Fall gut überstanden. Keine Angst!«

Ich sage nichts mehr, bis wir zu Hause sind. Dort rufe ich erst einmal Teseo an und frage ihn, ob er mit uns Kaffee trinken möchte. Nein, er habe übermorgen einen Vortrag an der Uni und müsse sich vorbereiten. Er würde sich dann irgendwann melden, und liebe Grüße an Tante Iphigenia solle ich bestellen. Ich lege auf und bin etwas vor den Kopf gestoßen. Er hat zu tun? Seit wann hat der denn zu tun? Er war immer bereit zu kommen. Aber das stimmt ja gar nicht, was ich mir da sage. In letzter Zeit hatte er tatsächlich oft zu tun und sprach immer wieder von seiner Doktorarbeit und der mündlichen Prüfung.

Ich erzähle Tante Iphigenia, dass Teseo zu tun hat. Sonst sage ich ihr nichts, denn bestimmt würde sie über mich lachen. Sie meint nur: »Probier doch einfach mal von meinem Brennnessel-Polenta-Kuchen! Der schmeckt sehr gut. Die Brennnesseln kannst du sogar selbst sammeln! Natürlich solltest du dabei Handschuhe tragen. Nimm aber für diesen Kuchen nur die jungen Blätter und die Triebspitzen. Sie werden vor der Blüte gesammelt, also von März bis höchstens Mitte, Ende Juni. Man kann sie als Gemüse kochen oder, kurz blanchiert und fein gehackt, mit anderen Kräutern mischen. Sie sind sehr gesund. Aber genug geredet, ich habe Hunger. Würdest du alles herrichten? Ich gehe mich schnell umziehen.«

In der Küche packe ich ihre Kühltasche aus, verteile die kleinen Brennnessel-Polenta-Küchlein auf einer Porzellanplatte und schaue sie misstrauisch an. Sie riechen tatsächlich sehr gut, muss ich zugeben. Dann stelle ich den Ricotta dazu. Auf einem anderen Teller richte ich ein paar von den appetitanregenden Prosciuttoscheiben an und decke den Tisch in der Küche.

»Tante, kommst du?«

Sie sitzt schon auf dem Sofa, nippt an einem Gläschen Grappa und hat einige ihrer Karikaturen auf dem Sofatisch ausgebreitet. Die meisten sind Porträts von italienischen Politikern, aber es gibt auch eine Karikatur von unserer Familie beim Grillfest auf Korfu: Onkel Theofilos und Onkel Manfred wie zwei aufgeplusterte Streithähne über dem Grillrost, Tante Ourania als korpulente Primadonna mit tiefem Dekolleté und Tante Pinelopi mit einer überdimensionalen Lupe auf der Suche nach den richtigen Kräutern!

Zögernd probiere ich ein Brennnesselküchlein. Der Geschmack ist leicht bitter und sehr pikant. Der ungesalzene Frischkäse passt ausgezeichnet dazu, auch der feine, lufttrocknete Schinken. Langsam überwinde ich mein Misstrauen und gebe zu, dass die kleinen Schnitten wirklich ein besonderer Genuss sind. »Es ist überhaupt nicht schwierig, die zuzubereiten«, sagt Tante Iphigenia. »Aber da ich genau weiß, dass du sowieso nie Brennnesseln sammeln wirst, möchte ich mit dir auf den Viktualienmarkt gehen – dort gibt es jede Menge Kräuter und Wildgemüsesorten.«

Ich atme erleichtert auf.

Tante Iphigenia zieht ihre Schuhe aus, rekelt sich auf dem Sofa und gähnt. »Erlaubst du mir ein Nachmittagsschläfchen? Ich bin ganz früh in Venedig losgefahren und sehr müde. Aber bleib nur im Sessel sitzen. Du kannst deine

Beine hier auf das Sofa legen und ein Buch lesen. Das hat meine Großmutter immer getan, und ich habe mich beschützt und entspannt gefühlt.« Dann schließt meine Tante die Augen und schläft sofort ein. Ich habe das Gefühl, sie ist ein kleines Mädchen und ich bin ihre Tante, die auf sie aufpasst.

Eine Viertelstunde hat sie geschlafen. Dann öffnet sie die Augen und beginnt leise zu erzählen: »Als ich klein war, verbrachte unsere Familie die Sommermonate auf Chalki, einer der Prinzeninseln im Marmarameer, auf der die Griechen Istanbuls früher ihre Sommerhäuser hatten. Heybeli heißt die Insel heute auf Türkisch. Dort war es im Sommer sehr heiß und nachmittags schlief die ganze Familie. Im sonst so lauten Haus war es ganz still, nur von fern hörte man die Sirenen der kleinen Dampfer. Meine Großmutter Zacharoula legte sich immer im Wohnzimmer auf das Sofa, so wie ich, und machte nur zehn Minuten ihre Augen zu. Danach war sie wieder fit. ›Warum gehst du nicht in dein Zimmer und versuchst länger zu schlafen?‹, fragte ich sie. ›Ach‹, sagte sie, ›ich habe später so viel Zeit, um länger zu schlafen, jetzt will ich noch mitten im Leben sein, hier auf dem Sofa. Hier kriege ich alles mit, und weißt du was? Das sagst du aber niemandem: Ich habe Angst, etwas zu verpassen.‹ Heute verstehe ich Oma Zacharoula so gut! Wir hatten dort ein weißes Holzhaus mit kunstvoll geschnitzten Balkonbrüstungen, Türmchen und Erkern. Im Garten dufteten die Jasminbüsche, die Kletterrosen und die Kamelien.«

Wenn Tante Iphigenia sich an solche Geschichten von früher erinnert, tauche ich in eine magische Welt ein, durch die mich ihre sanfte Stimme führt: »Die Fahrt mit dem

Dampfer von Istanbul bis zur Insel dauerte etwas mehr als eine Stunde. In Zeiten von Krieg und Armut flüchteten wir uns immer dorthin. Oma Zacharoula konnte die ganze Familie mit den wilden Kräutern und Pflanzen ernähren, die sie auf den üppigen grünen Feldern und den Berghängen sammelte. Sie kannte sich sehr gut damit aus und es wurde mir nie langweilig, sie dabei zu begleiten. Ich liebte all die komischen Namen: Portulak, Amaranth, Bohnenkraut, Estragon oder Löwenzahn. Und erst ihren Duft – und natürlich den Geschmack. Oma Zacharoula kaute oft die frisch gepflückten Blätter und ich tat es ihr nach.«

Plötzlich setzt sich meine Tante voller Schwung auf, nimmt Papier und Bleistift und zeichnet ganz schnell Oma Zacharoula mit einem großen Maul voller Kräuter!

»Möchtest du nicht morgen mit mir einen Ausflug machen? Ich bringe dir bei, was du selber sammeln kannst.«

»Aber, Tante Iphigenia …«, setze ich an und sie unterbricht mich: »Ich weiß, ich weiß, du hast keine Zeit für so etwas … Oder wolltest du sagen, dass man sich über all das sowieso im Internet informieren kann? Aber was ist mit dem Duft? Dem Geschmack? Der Erde an den Fingern? Im Internet bekommt man nur langweilige Fakten, bei denen man gar nichts erleben kann!«

Ich falle ihr ins Wort: »Hast du nicht vorhin versprochen, dass wir auf den Viktualienmarkt gehen?«

»Ja, dort gibt es inzwischen alles«, seufzt Tante Iphigenia.

Am nächsten Tag ziehen wir früh los. Auf dem Viktualienmarkt finden wir tatsächlich fast alles. Viele Wildkräuter und Wildgemüsesorten aus dem Mittelmeerraum werden inzwischen auch hier angepflanzt. Bei einigen Arten klappt das ganz gut. »Es ist wie bei den Menschen«, bemerkt Tante Iphigenia, »die kannst du auch überallhin verpflanzen und sie gedeihen. Unsere Familie zum Beispiel, die achtundzwanzig Tage auf Eseln ritt, um von Kappadokien nach Istanbul zu kommen! Schon bald hatten sie dort einen großen Laden und handelten mit Kaviar. Es ging ihnen gut. Aber ungefähr hundert Jahre später zogen sie erneut los, von Istanbul nach Thessaloniki, weil sie sich noch größeren Wohlstand versprachen, und dann von Thessaloniki nach Athen und Piräus. Und überall haben sie Wurzeln geschlagen …« Nach diesen Worten dreht sie sich zu einer der Marktfrauen, die interessiert zugehört hat, und kauft Rote-Bete- und Fenchelblätter, die ich bisher noch nie richtig wahrgenommen habe.

Mangold, Endivien, Spinat, Frühlingszwiebeln, Bärlauch, Dill, Petersilie – bei jedem Stand späht sie aufmerksam nach den vielen verschiedenen Kräutern, reibt an den Blättern, schnuppert und kaut sogar manchmal daran wie ihre Oma.

Zu Hause wäscht sie all die wilden Kräuter und Wundergräser gut ab.

»Tante, hast du eigentlich schon Onkel Yusuf in Beirut angerufen?«

»Nein!«, erwidert sie etwas trotzig. »Er soll anrufen!«

»Tante, komm, ruf ihn jetzt an. Er macht bestimmt gerade Mittagspause. Aber wehe, wenn du vorwurfsvoll, streng oder ironisch bist!«, ermahne ich sie.

Ich gebe ihr das Telefon und ziehe mich in mein Arbeitszimmer zurück.

»Und?«, frage ich sie nach einer halben Stunde.

»Nichts ›und‹! Nicht erreicht. Die machen heute einen Ausflug und besuchen ein Provinzkrankenhaus. Ich mache mir Sorgen. Ich wollte einfach nicht, dass er gerade jetzt nach Beirut fliegt. Man weiß nicht, was bei der andauernden Krise dort alles passieren kann. Er hätte diesen Kongress absagen müssen … Aber Frau Doktor ist ja auch mit dabei …«

Meine Tante hackt jetzt wie eine Wilde die wilden Kräuter und schneidet sich prompt in den Finger.

»Lass das lieber! Setz dich hin, ich mache weiter, nach deiner Anweisung.«

»Ausflug mit Frau Doktor … daher weht der Wind. Wer weiß, vielleicht sind sie ja nur zu zweit bei diesem Ausflug!« Sie sagt dann nichts mehr. Ich auch nicht. Ich finde es schon großartig, dass sie mir so offen von ihrer Eifersucht erzählt. Aber plötzlich fragt sie: »Was ist eigentlich mit Teseo? Wieso ist er verschwunden?«

»Keine Ahnung! Er hat vor einiger Zeit angerufen, dass er gerade sehr intensiv an einem Vortrag arbeitet und keine Zeit hat, mich zu besuchen.«

»Hast du ihn gefragt, woran er arbeitet? Hast du Interesse gezeigt?«

»Na ja, ich nehme an, ein mathematisches Thema. Das interessiert mich überhaupt nicht. Hab nicht gefragt.«

In diesem Moment macht mein Handy den bekannten SMS-Summton. Ich nehme es mit nassen Händen und lese: Teseo schickt Nachricht.

»Da ist er ja! Wenn man vom Teufel spricht«, sage ich.

»Du bist unmöglich!«, ruft meine Tante. »Du meinst, wenn man vom Engel spricht …«

»»Habe heute um 17.00 einen vortrag an der uni««, lese ich laut, »»rufe dich bald wieder an. Ich denke an dich, teseo.‹ Na bitte!« Ich lege das Handy wieder hin, es ist mit Petersilie beschmiert. Nachdenklich nimmt es meine Tante und putzt es ab. Ich hacke weiter die Kräuter klein.

»Wir machen Hähnchenfilets mit Kräutersoße, lassen alles im Ofen stehen und gehen zu Teseos Vortrag. Danach laden wir ihn zum Essen ein – was sagst du dazu?«, fragt Tante Iphigenia, aber sie wartet meine Antwort gar nicht ab. »Und vorher trinken wir noch irgendwo einen Kaffee und essen eine Kleinigkeit. Kurz vor fünf gehen wir zur Uni. Kannst du herausfinden, wo der Hörsaal ist? Wir überraschen ihn und anschließend, wenn er sich nicht mit anderen Freunden oder … einer Freundin verabredet hat, nehmen wir ihn mit … ich will keine Widerrede hören. Ich lege mich jetzt ein bisschen hin, dann mache ich mich fertig«, kündigt sie an und verschwindet.

Freundin? Wieso Freundin? Aber klar! Warum nicht, er sieht gut aus, ist intelligent und ich benehme mich wie die größte Idiotin!

BRENNNESSELN GEBACKEN IN POLENTA MIT RICOTTA

Zutaten:
1 kg Brennnesseln • 500 g Spinat oder Mangold oder Endivien • ½ kg Maismehl • 100 ml Olivenöl • Salz, Pfeffer, Muskatnuss • 1 TL rote Pfefferkörner • 200 g Ricotta, griechischer Manouri oder Frischkäse

ZUBEREITUNG:

Die Brennnesseln in einem Wassertopf mit ein bisschen Olivenöl, Salz, Pfeffer und Muskatnuss mit dem anderen Gemüse zusammen kochen. Das Maismehl in ca. 250 ml kaltes Wasser einrühren und zu den Brennnesseln dazugeben. Ca. 15 Minuten rühren, bis es eingedickt ist. In eine eingeölte feuerfeste Form gießen, mit rotem Pfeffer bestreuen, etwas Olivenöl darübergießen und im Backofen bei 200° C 30 Minuten lang überbacken.

Dazu italienischen Ricotta, griechischen Manouri oder einfachen Frischkäse servieren.

HÄHNCHENFILETS MIT KRÄUTERSOSSE

ZUTATEN:
50 ml Olivenöl • 1 große Zwiebel • 2 Knoblauchzehen • 500 g Kräuter (Rosmarin, Thymian, Salbei, Petersilie) • Salz, Pfeffer • 2 klein geschnittene Tomaten oder Pizzatomaten aus der Dose • 300 g Joghurt • 6 Hähnchenbrustfilets

ZUBEREITUNG:

In einer Pfanne mit Olivenöl die klein gehackte Zwiebel und den Knoblauch glasig werden lassen und die Kräuter dazugeben. Mit Salz und Pfeffer würzen. In einer anderen Pfanne die klein gehackten Tomaten anbraten, bis ihre Feuchtigkeit verdunstet ist. Tomatensoße und Kräutermischung mit dem Joghurt verrühren. Die fertig gebratenen Hähnchenbrustfilets auf einem Holzbrett breit klopfen und in eine feuerfeste Form legen. Die Kräutersoße darübergießen, die Form mit Alufolie bedecken und 20 bis 30 Minuten bei 200° C im Backrohr schmoren lassen.

PYTHAGORAS UND DAS KULINARISCHE ZAUBERGERÄT

Im Café an der Uni beginnt meine Tante, mir die Leviten zu lesen: »Er hat dir bestimmt schon einmal gesagt, dass er einen Vortrag vorbereitet. Du hast es nur vergessen. Du hast ihn nicht einmal angerufen, um ihn zu fragen, wie es ihm geht, wie er vorankommt. Um ihm alles Gute zu wünschen. Weißt du was? Du hast ein Problem mit den Männern, du misstraust ihnen, du bist sofort bereit, sie niederzumachen. Es nervt dich, wenn deine Familie Teseo mag, es nervt dich, wenn er bereit ist, alles für dich zu tun.«

Die Bemerkungen meiner Tante treffen mich. Ich sage nichts, ich bin in Gedanken versunken. Sie zahlt und wir gehen. Ich denke an meine Mutter und auch an ihre Kommentare über die Männer, über meine Mitschüler, meine Kommilitonen, meine Kollegen. Für meine Mutter waren sie alle Nichtsnutze, sofort bereit, ihre Frau mit der nächsten Schönheit zu betrügen. Ich will aber nicht wie meine Mutter sein.

Leise öffnen wir die Tür und betreten den erst halbvollen Hörsaal, setzen uns hinten hin und warten. Immer mehr junge Leute kommen herein, langsam füllen sich die Reihen. Ich ertappe mich, wie ich die jungen Frauen mustere. Ob eine von ihnen seine neue Freundin ist? Dann stockt mein Atem. Teseo, im dunkelgrauen Anzug mit weißem Hemd, erscheint an der Tür. Sein Hemdkragen steht lässig offen, zwei Professoren begleiten ihn. Er hat uns nicht gesehen. »O mein Gott, sieht er blendend aus!«, flüstert meine Tante. »Wenn du ihn dir entgehen lässt, rede ich nie wieder mit dir!«

Einer der Professoren stellt den Redner vor und übergibt ihm das Wort. Das Thema ist Pythagoras, der griechische Mathematiker der Antike, der später in Süditalien lebte und eine Schule gründete. Ich finde es symbolisch für unsere Beziehung, dass Teseo über einen Griechen spricht, der Italiener wurde, aber vielleicht ist das ein dummer Einfall. Wissenschaftlich seien die Angaben zu Pythagoras umstritten, referiert Teseo. Nur dass jener um 570 vor Christus auf Samos geboren wurde, stehe laut aktueller Forschung fest. Viele Wissenschaftler nennen ihn einen Pionier der Naturwissenschaften, andere halten ihn für einen Mystiker, den Vater des Schamanismus. Teseo erklärt die Philosophie und den Satz des Pythagoras. Ich bin beeindruckt, er spricht klar und deutlich, seine Stimme ist schön. Also hatte Tante Iphigenia vielleicht recht, dass ich eine Egomanin bin, die die Männer ständig von sich fernhält und entwertet? Der Gedanke bedrückt mich. Jetzt schaut Teseo in unsere Richtung und ich glaube, er hat etwas geschmunzelt.

Wir warten, bis sich alle Studenten und Gasthörer von ihm verabschiedet und den Saal verlassen haben. Er hat auf ihre Fragen geduldig geantwortet. Dann kommt er zu uns herüber und wir gehen auf ihn zu. Mitten im Gang umarmt er mich, und ich drücke ihn fest: »Das war großartig, Teseo, ich bin beeindruckt! Ein kompliziertes Thema, aber du hast es spannend vermittelt – deine Stimme war fest und jeder Satz verständlich … Ich hatte ja keine Ahnung, wie toll du Vorträge halten kannst. Meine herzliche Gratulation!« Teseo strahlt mich an und nimmt mich noch einmal in seine Arme.

Zu Hause lassen wir uns von meiner Tante bedienen. Unter dem Tisch drückt Teseo die ganze Zeit sein Bein gegen meines. Tante Iphigenia holt einen der guten Weine, die wir im Haus haben. Ob sie schon mitbekommen hat, was sich unter dem Tisch abspielt? Bin ich etwa rot im Gesicht?

Teseo öffnet die Flasche und schenkt uns ein. »Zum Wohl! Wir wünschen dir weiterhin viel Erfolg bei deiner wissenschaftlichen Karriere!«, sagt meine Tante. Sie bleibt noch kurz bei uns und verabschiedet sich bald. Teseo nimmt die Flasche, die zwei Gläser und meine Hand und zieht mich ins Schlafzimmer. Er macht die Tür hinter sich zu, umarmt mich und gibt mir einen langen Kuss. »Hast du mich die ganze Zeit betrogen, als ich meinen Vortrag vorbereitet habe?«, fragt er. »Meine Mutter hat nämlich immer zu mir gesagt, vertraue nie den Frauen. Sie finden immer einen Weg, um ihre Männer zu betrügen!«

Am nächsten Morgen hören wir meine Tante in aller Früh herumlaufen und mit Küchengeräten klappern. Wir sind noch im Bett. Teseo zieht mich an sich.

»Ich liebe diese Tante«, flüstert er mir ins Ohr.

»Soll ich eifersüchtig werden?«, necke ich ihn. Ich stehe langsam auf und gehe in die Küche. Tante Iphigenia hat schon Kaffee gemacht und holt gerade Oma Zacharoulas kleines Gebäck aus dem Ofen! Ich sehe sie Puderzucker darüberstreuen, sie hat mich noch nicht gehört.

»Tante, ist Puderzuckergebäck etwa gut gegen Eifersucht?«, frage ich sie und umarme sie von hinten. Sie lässt den Puderzucker stehen, dreht sich zu mir um und birgt den Kopf an meiner Schulter. »Ich konnte nicht schlafen … Und das beste Rezept gegen Kummer ist bekanntlich Backen. Das hat Oma Zacharoula immer gesagt. Und schau mal, was für kleine Wunderplätzchen ich uns zum Kaffee gemacht habe!«

Ich lache, umarme sie fest und in diesem Moment klingelt das Telefon. Ich schaue auf die Nummer: Libanon! »Tante, Onkel Yusuf will dir guten Morgen sagen!«, rufe ich strahlend und gebe ihr den Apparat. Dann gehe ich mit meinem Kaffee und einem Teller mit Wunderplätzchen ins Schlafzimmer und lasse sie mit ihrem Geliebten allein. Mein Geliebter ist immer noch im Bett und faulenzt. Als er mich sieht, setzt er sich auf und will an meiner Tasse nippen. »Kommst du mit nach Korfu? Oder später nach Athen und dann nach Kymi?«, frage ich ihn plötzlich und wundere mich über mich selbst. Teseo schweigt erst einmal. Dann sagt er langsam: »Ich glaube, es ist an der Zeit, dass du zu mir nach Italien kommst. Ich war ja schon einmal auf Korfu.« Und nachdenklich fährt er fort: »Wie wäre es, wenn du zunächst übermorgen mit deiner Tante nach Venedig fährst, wo ihr euch alle trefft? Dann fährst du noch ein paar Tage mit nach Korfu.«

»Ja, und dann?«, wundere ich mich.

»Bis dahin werde ich hier auch einiges erledigt haben und ich rufe dich an, damit wir uns treffen. Einverstanden?«

»Na klar!«, sage ich und beiße etwas zu energisch in ein Plätzchen. Eine Puderzuckerwolke steigt auf und schnell gehe ich ins Bad, um mich zu waschen. Im Spiegel sehe ich meinen weißen Schnurrbart. Ich bin unzufrieden – ob er mich tatsächlich anrufen wird? Vielleicht überlegt er es sich plötzlich anders. Aber ich bin auch wirklich unmöglich! Bis vorgestern hatte ich ihn völlig vergessen und jetzt habe ich Angst, ihn zu verlieren. Hat es etwas mit seinem Vortrag zu tun? Klar, er hat mir imponiert. Und ich habe gesehen, wie gut er ankommt. Und zwar nicht nur bei meinen Tanten.

»Kommst du nie mehr aus dem Badezimmer?«, ruft meine Tante. Hoffentlich hat sie Onkel Yusuf inzwischen keine Szene gemacht, denke ich. Hoffentlich ist unser Tag mit ihrem Telefonat und mit Teseos Sommerversprechen gerettet. Auch wenn ich misstrauisch bin.

Als ich ins Wohnzimmer komme, macht sie ein ganz anderes Gesicht. Sie ist entspannt und strahlt.

»Na«, frage ich, »haben dich die Plätzchen von Oma Zacharoula so glücklich gemacht oder hat Onkel Yusuf geschworen, dass er nur dich ewig lieben wird?«

»Er hat sich über die Organisation des Kongresses und die veralteten Strukturen der Krankenhäuser dort beschwert und mir gesagt, wie glücklich er ist, dass wir in Venedig leben und dass er mit mir zusammen ist! Aber jetzt lass uns mal den Tag planen!«

Teseo und ich essen vom guten Gebäck und trinken Kaffee. »Gehen wir heute wieder auf den Viktualienmarkt?«, frage ich.

»Ich gehe nach Hause«, sagt Teseo. »Ich muss meine Vortragsunterlagen aufräumen, die liegen überall im Wohnzimmer herum. Dann bin ich wieder zu haben, ich melde mich später.«

»Also gut«, meint meine Tante, »auf dem Viktualienmarkt kaufen wir nicht nur Kräuter, sondern auch frischen Lachs. Ich präsentiere euch heute mein Lachsfilet à la Cartouche!«

»Cartouche? Was ist denn das, Tante?«

»Ein Zaubergerät, das vielseitig einsetzbar ist. Um es nicht zu spannend zu machen: Es ist nicht das Zaubergerät, das alles in Scheiben schneidet oder in Würfel hackt. Es ist ganz einfach billiges und bescheidenes ... Backpapier.«

»Backpapier? Das schlichte Backpapier meinst du? Und das soll vielseitig einsetzbar sein?«

»Absolut!«, bekräftigt Tante Iphigenia. »Das Backpapier ist die Königin der Vielseitigkeit! Und auch der Bescheidenheit! In den großen Berufsküchen hat es eine überaus königliche Stellung inne.«

»Stimmt, alle großen Köche benutzen Backpapier als Hilfsmittel«, bestätigt Teseo. »Es ist ihr Geheimnis – zum Beispiel bei der perfekten Zubereitung von Reis. Natürlich kann man Backpapier einfach als Unterlage benutzen, damit Plätzchen oder Kuchen nicht festkleben. Man kann aber auch ein passend zugeschnittenes Blatt Backpapier zum Kochtopfdeckel umfunktionieren. Der Fachausdruck in der Haute Cuisine lautet *la Cartouche*. In die Mitte der runden Cartouche schneidet man ein kleines Loch für den Dampf. So bleiben die Speisen saftig und luftig. Eine andere Spezialität ist Fisch mit Gemüse, in Backpapier eingewickelt und im Ofen gebacken. Mmh ... lecker!«, sagt er und schnalzt mit der Zunge. »Wenn Tante Iphigenia das zubereiten will, komme ich heute Abend ganz bestimmt wieder.«

»Ach so, wegen Tantes Essen wirst du kommen. Nicht wegen mir?«

Er lacht. »Auch, um mich von euch zu verabschieden!« Aus dem Flur schickt er mir augenzwinkernd einen Kuss und schließt hinter sich die Tür.

»Also«, sagt Tante Iphigenia, die immer noch in Kochplänen schwelgt, »mein Vorschlag für heute Abend: Zucchini, Auberginen, Karotten, Paprika und ein gutes Lachsfilet in Backpapier. Und was hältst du von Auberginencreme mit Minze und Fetakäse als Vorspeise?«

»Das klingt köstlich – la Haute Cuisine Méditerranée!«

»Jawohl! Und nebenbei werde ich italienische Politiker als Gemüse zeichnen! Vielleicht hilft ihnen ja die gesunde Mittelmeerküche«, lacht meine Tante.

KOURAMBIEDES, OMA ZACHAROULAS WEISSE PLÄTZCHEN

Zutaten:

500 g Butter • 200 g Puderzucker • 2 Eigelb • 2 Päckchen Vanillinzucker • Saft einer Zitrone • 1 TL Natron • 150 g abgezogene Mandeln, geröstet und gehackt • 800 g bis 1 kg Mehl • Puderzucker zum Bestäuben

Zubereitung:

Butter und Puderzucker im Mixer verrühren, bis eine glatte Masse entsteht. Die Eigelb, den Vanillinzucker, das im Zitronensaft aufgelöste Natron, die Mandeln und nach und nach das Mehl dazugeben. Alles mit der Hand vermengen, bis der Teig fest wird. Kleine Kugeln oder Röllchen formen, auf Backpapier legen und im vorgeheizten Ofen bei 180° C ca. 30 Minuten backen. Wenn sie kalt sind, den Puderzucker darübersieben.

LACHSFILET IN DER CARTOUCHE

Zutaten:

Backpapier • 6 Lachsfilets • Salz, Pfeffer • 2 Fenchelknollen, in Scheiben • ca. 18 Basilikumblätter • 3 EL getrockneter Oregano • 6 Cherrytomaten • 2 klein gehackte Knoblauchzehen • 2 EL geriebene Zitronenschale • 1 EL Olivenöl • 1 EL Ouzo oder anderer Anisschnaps

Zubereitung:

Für jedes Lachsfilet ein eigenes Stück Backpapier nehmen. Auf das Backpapier zuerst Salz und Pfeffer streuen, dann dünne Fenchelscheiben, jeweils 2 Basilikumblätter und Oregano darauf verteilen. Die Lachsfilets mit der Haut nach unten darauflegen, mit den übrigen Basilikumblättern belegen und mit Oregano bestreuen. Dann die Cherrytomaten in Scheibchen schneiden, in einer Pfanne mit dem

Knoblauch leicht anbraten und auf die Fischfilets legen. Die Filets zusätzlich mit Salz, Pfeffer und etwas geriebener Zitronenschale würzen, ein paar Tropfen Olivenöl und Ouzo darüberträufeln. Das Backpapier etwa 2–3 cm über dem Fisch fest und luftdicht einschlagen und die Ecken umknicken, damit alles gut verschlossen ist.

Auf einem Backblech im vorgeheizten Backofen bei ca. 180° C 30 Minuten garen lassen. Zum Servieren die Päckchen entweder auf eine große Platte legen oder auf einen kleinen Teller neben dem Essteller, sodass jeder sein persönliches Päckchen hat und es vorsichtig öffnen kann.

AUF EINEN SCHÖNEN URLAUB!

Wir sind alle in Onkel Yusufs und Tante Iphigenias Wohnung in Venedig, fast die ganze Familie! Tante Afroditi aus Spanien und ihre Tochter Savina sind auch schon da, und bald geht die Sommerreise weiter nach Griechenland. Teseo ist nach Italien zu seiner Familie gefahren. Aber vielleicht kann ich ihn doch überzeugen, später zu mir nach Kymi zu kommen. Mal sehen, ob er überhaupt anruft.

Zunächst feiern wir unser Wiedersehen in Venedig. Alle sind bester Laune und reden wild durcheinander. Ich freue mich, als ich sehe, wie Onkel Yusuf seine Frau mehrmals an sich drückt. Nach den ersten Begrüßungen beginnt das lockere Tratschen über die anderen Familienmitglieder in Athen, Beirut, Istanbul und auf Korfu – bis Tante Iphigenia uns auffordert, ins Esszimmer zu gehen. Dort hat Onkel Yusuf einen Willkommensgruß für uns arrangiert: Der runde Tisch ist sommerlich gedeckt, mit Blumen, großen weißen Tellern, bunten Suppentellern und einer kristallenen Wasserkaraffe mit Eiswürfeln. Ob er ein schlechtes Gewissen gegenüber seiner Frau hat? Ach was, wo denke ich hin?

»Geht in eure Zimmer, macht euch frisch«, ruft Tante Iphigenia. »Gleich erwartet euch hier eine leichte kalte Suppe und ein ganz besonderer Salat, eine Überraschung von Yusuf. Ich nehme an, dass ihr bei dieser Hitze nicht so viel essen wollt. Aber wenn doch, wir gehen ja später noch aus.«

Kurz darauf sitzen wir alle erwartungsvoll um den Esstisch. »Das hier ist eine bescheidene spanische Knoblauchsuppe zu Ehren meiner Schwägerin Afroditi, die ich so selten sehe, weil sie so schwer von ihrem geliebten Spanien loskommt«, kündigt Onkel Yusuf freudestrahlend an. »Wenn wir alle davon essen, stört unser Knoblauchgeruch auch niemanden. Seid ihr einverstanden?«

»Jaaa, her mit der guten Suppe!«, ruft Onkel Theofilos.

Diese Suppe ist meine Lieblingssuppe. »Onkel Yusuf, ich wusste nicht, dass du so gut kochen kannst! Wirklich sehr erfrischend!«, lobe ich seine Kochkünste.

»Vor allem kann man diese Köstlichkeit auch herzaubern, wenn der Kühlschrank leer ist. Denn Knoblauch gibt es bei mir fast immer, Olivenöl und Fleischbrühe auch und Zitrone meistens«, erwidert er. Und Tante Iphigenia fügt hinzu: »Man kann diese leckere Suppe ganz unterschiedlich variieren. Mit zerstoßenen Mandeln, Rahm oder Joghurt, Eiern, Wein und sogar Kichererbsen, Vollkorn- oder Toastbrot, Oliven oder Trauben. Auch bei den Gewürzen kann man seine Phantasie spielen lassen.« Onkel Yusuf streut noch etwas Oregano auf die Suppe und gibt ganz feine Streifen Serranoschinken dazu. Eine Schale mit kaltem Joghurt in der Tischmitte lädt jeden ein, einige Löffel in seine Suppe zu rühren.

Als alle Schüsselchen leer sind, stellt Tante Afroditi eine riesige Glasschale mit Orangen- und Zitronensalat auf den Tisch: fein geschnittene Früchtescheiben, Olivenöl, Salz, Pfeffer, Weinessig, schwarze Oliven und Ricottastückchen. Der Salat sieht nicht nur schön aus, er schmeckt auch lecker und erfrischend. Den werde ich in München bestimmt öfters zubereiten!

Nach dem Essen schlägt Onkel Theofilos vor, einen Spaziergang zu machen und noch einen Wein trinken zu gehen. Onkel Yusuf ist sofort einverstanden.

»Aha, ihr seid also doch nicht satt geworden?«, ruft Tante Iphigenia.

»Wir haben gesagt, ›etwas trinken gehen‹!«, erwidert Yusuf.

Alle lachen. Wir verstehen uns. Einen Wein trinken gehen bedeutet in Italien, Spanien und Griechenland, gesellig beisammenzusitzen und Kleinigkeiten zu essen. Denn sowohl die Griechen als auch die Italiener und die Spanier trinken nie Wein, ohne etwas dazu zu essen.

Gleich um die Ecke, an der Lagune, gibt es einen alten Weinkeller. Im Sommer stellt Michele, der Wirt, ein paar Tische unter eine schattige Laube. Er serviert uns etwas Salami, Parmaschinken, pikanten Provolonekäse, Tomaten mit Mozzarella und Weißbrot. Wir greifen nach unseren Gabeln und heben die Gläser. Salute, cin cin, jassou! Auf einen schönen Urlaub!

KNOBLAUCHSUPPE

ZUTATEN:
30 Knoblauchzehen • 5–6 EL Olivenöl • 2 ¼ l Fleischbrühe • 6 Scheiben Serranoschinken, in Streifen geschnitten • Oregano zum Bestreuen

ZUBEREITUNG:
Die Knoblauchzehen schälen, mit dem Olivenöl in eine kleine Pfanne geben und ein paar Minuten anbraten. Dann in einem Mörser oder im Mixer zerstampfen und die Knoblauchmasse zur Fleischbrühe hinzufügen, die man auf kleiner Flamme 40 bis 60 Minuten, das heißt, bis der Knoblauch weich ist, kochen lässt. Die Serranostreifen dazugeben und unterrühren; am Schluss mit Oregano bestreuen.

Man kann auch Rahm, Joghurt oder Wein hinzufügen.

ORANGEN- UND ZITRONENSALAT

Zutaten:

6 mittelgroße Orangen • 1 ½ Zitronen • 15 schwarze Oliven • 150 g italienischer Ricotta oder griechischer Manouri • 1 EL Weinessig • 3–4 EL Olivenöl • Salz, Pfeffer

Zubereitung:

Die Orangen und die Zitronen sorgfältig schälen, halbieren und in feine Scheiben schneiden. Mit der Zitrone sollte man allerdings vorsichtig sein, sie ist nicht jedermanns Geschmack. Die Oliven entkernen und halbieren. Den Ricotta oder Manouri in kleine Stücke zerteilen. Für die Soße Weinessig, Olivenöl, Salz und Pfeffer vermengen; dann die anderen Zutaten dazumischen. Den Salat vor dem Servieren mindestens ½ Stunde ziehen lassen.

HERBST

SIBYLLINISCHE WORTE UND MAGISCHE ZUFÄLLE

»Guten Morgen! Heute habe ich für Sie einen duftenden Brief!«, sagt der Briefträger freundlich. Auf der Rückseite ist ein winzig kleines, durchsichtiges Kräutertütchen aufgeklebt – von Tante Iphigenia mit der Hand gefertigt. Ich ziehe ihren Brief aus dem Umschlag und lese:

»Liebe Nichte, ich weiß gar nicht, wie ich beginnen soll. Wir haben sooo viel erlebt in diesem Sommer. Yusuf und ich haben uns wieder neu verliebt. Aber nicht nur wir …«

So beginnt meine Tante Iphigenia ihren langen Brief, denn wir haben uns eine ganze Weile nicht gesehen. Ich schnuppere noch einmal daran, er riecht nach Oregano und weckt Erinnerungen … Erinnerungen an Süditalien und an Bacoli. Seltsam! Wenn ich früher den Duft von getrocknetem Oregano wahrgenommen habe, verspürte ich immer Sehnsucht nach Griechenland und Kymi. Aber in diesem Sommer habe ich festgestellt, dass auch Bacoli wie Kymi duftet.

Es war Ende Juli, als wir uns alle in Venedig trafen und dann gemeinsam zu Tante Pinelopi und Onkel Manfred nach Korfu fuhren. Fünf Tage blieben wir dort, kochten, plauderten, feierten. Danach trennten sich unsere Wege, denn jede Familie hatte diesmal ihre eigenen Urlaubspläne. Tante Iphigenia und Onkel Yusuf wollten in der Ägäis von Insel zu Insel gondeln, zusammen mit Tante Afroditi. Ihre Tochter Savina traf sich auf Mykonos mit spanischen Freunden. Tante Ourania und Onkel Theofilos machten sich auf zum Berg Olymp, um in der Heimat meines Onkels drei ruhige Wochen zu verbringen.

Und ich? Ich blieb noch ein bisschen auf Korfu, mit dem Plan, bald nach Euböa aufzubrechen, zu meinem Häuschen in Kymi. Aber insgeheim hoffte ich, dass Teseo anrufen und mir ankündigen würde, dass er mitkomme. Schließlich rief er tatsächlich an. Er schlug vor, ich solle mit der Fähre nach Ancona kommen. Er würde mich dort mit seinem Auto abholen und wir würden weiter Richtung Neapel fahren, wo seine Familie ein altes Haus am Meer hat. Ich freute mich sehr. Aber zu seiner Familie? Eigentlich wollte ich keinen Stress mit Verwandten, sondern lieber mit ihm allein sein. Am Telefon merkte er mein Zögern und fügte schnell hinzu, dass er dort ein kleines Haus für sich allein habe.

Gleich am nächsten Tag nahm ich die Fähre nach Ancona. Während der Fahrt dachte ich über mich nach. Was sprach dagegen, dass ich seine Familie kennenlernte? Tante Iphigenia würde sagen, dass ich launisch und zickig sei. »Und wer launisch und zickig ist, hat Angst! Du musst herausfinden, wovor du Angst hast!«, hörte ich im Kopf ihre Stimme. Ich stand an der Reling und betrachtete den weißen Meeresschaum, der eine lange Spur hinter dem Schiff zog, darüber flogen weiße Möwen, eine angenehme Brise wehte. Die Möwen ließen sich sanft vom Wind tragen, hatten keine Angst, er könnte ihren gleichmäßigen Flug stören. Und ich? Ich hatte bei der kleinsten Störung Angst, mein Gleichgewicht zu verlieren, Angst, die Dinge einfach auf mich zukommen zu lassen, Angst, mich auf Teseo und seine Familie einzulassen. Und Teseo? Teseo ließ sich auf meine Familie ein und machte dabei noch einen ganz vergnügten Eindruck. Warum konnte ich das nicht auch?

In mir hörte ich wieder Tante Iphigenias Stimme: »Unsere Familie hat einen langen Weg voller Abschiede, Umzüge, Vertreibungen und Veränderungen hinter sich und daher auch Angst vor Bindungen. Wenn du gebunden bist, kannst du dich nicht schnell genug verabschieden. Das Leben in vielen Kulturen verlangt großen Mut. Man muss schon ein Lebenskünstler sein, um zwischen den Kulturen seinen kleinen, vertrauten Kreis abzustecken. Denn der Mensch braucht immer einen Kreis, als Kind den Schoß der Mutter, als Erwachsener den der Freunde.« Und auch den Schoß der Tanten, dachte ich und musste über mich selbst schmunzeln.

In dieser Nacht fiel ich völlig erschöpft ins Bett meiner Kabine und schlief, bis der Lautsprecher des Schiffes die Ankunft im Hafen von Ancona ankündigte. Ich stand auf und fühlte mich leicht und fröhlich. Ich stellte mich an den Bug und kurz bevor das große Schiff zum Anlegen wendete, sah ich Teseo am Kai warten. Er war schon da! Mein Herz schlug Purzelbäume vor Freude. Kurz danach umarmte ich ihn lange und dann fuhren wir Richtung Süden.

»Der Ort liegt gleich hinter Neapel in einer wunderschönen Bucht am Meer«, sagte Teseo.

»Wie heißt er denn?«, fragte ich etwas zerstreut.

»Bacoli, ein Ort mit antiker Geschichte. Dort haben die Römer herrliche Villen, Thermen und Theater gebaut.« Ich war sprachlos. »Meine Mutter ist dort geboren, deswegen das Familienhaus. Man hat dort auch uralte griechische Fundstücke ausgegraben«, fuhr Teseo fort. Er hatte meine Verblüffung noch nicht bemerkt.

Wie kann das sein, dass ich jetzt mit Teseo nach Bacoli fahre? Was bedeutet dieser Zufall? Bacoli ist doch die Schwesterstadt von meinem Kymi, dachte ich.

»Bacoli?«

Teseo erzählte weiter: »Ja, das Gebiet wurde im achten Jahrhundert vor Christus von Griechen aus Euböa kolonisiert. Meine Mutter lebt sonst in Rom, aber den Sommer verbringt sie mit ihrem Freund immer in Bacoli.«

Na bitte! Da erfuhr ich auf einmal, wie viel uns verband, dass Teseo auch ein Einzelkind ist und seine Eltern sich getrennt hatten. Ich sagte erst einmal nichts, ich musste mich beruhigen.

Als wir auf dem kleinen Schotterplatz vor dem Haus parkten, kam seine Mutter gelaufen und umarmte ihn lange. Sie hatte kurz geschnittene graue Haare, ein sonnengebräuntes Gesicht und eine hagere, aber sehnige Figur. Mich begrüßte sie sehr freundlich. Ob sie schon gesehen hatte, dass ich älter als ihr Sohn war? Dann die zweite Überraschung: Ihr Freund, Karl, war ein deutscher Fotograf, er lebte schon seit vielen Jahren in Italien. Er war fülliger und gab sich herzlicher als die Mutter. Teseo wollte mir gleich das kleine Gartenhaus zeigen, das er eingerichtet hatte, und unsere Sachen dorthin bringen. »Kommt aber dann zum Essen, wir haben nämlich für euch gekocht«, sagte Karl.

Wir folgten einem schmalen Weg, gesäumt von blühenden Oleandern und Rosenbüschen. Ganz hinten stand ein kleines Backsteinhaus mit einem roten Dach, fast versteckt hinter einer großen Pinie. Von dort aus hatte man eine herrliche Panoramaaussicht aufs Meer. Teseo stellte unsere Koffer auf der Terrasse ab und führte mich ins Haus. Es war schlicht, aber sehr gemütlich eingerichtet – und es duftete. Überall in der Küche hingen getrocknete Kräuterbüschel und Blütenzweige. »Aha, hierher bringt also der Herr seine Geliebten!«, scherzte ich und schaute mich um. Aber sofort merkte ich, dass es gar kein Scherz gewesen war. Auf einer Kommode sah ich das Foto einer jungen Frau. Teseo folgte meinem Blick. »Das ist Sylvana. Wir waren verlobt.«

»Und jetzt?«

»Wir haben uns vor zwei Jahren getrennt. Ich werde jetzt ihr Foto entsorgen«, sagte er leichthin und warf das Foto in eine Schublade. Ich sagte nichts, aber ich spürte einen kleinen Stich. Klar, er hatte eine Vergangenheit, die ich gar nicht kannte, hatten wir nicht alle unsere Geschichten? Er kannte meine Geschichten auch nicht. Und trotzdem hatte ich plötzlich den Anspruch, die einzig Wichtige für ihn zu sein.

Wir kehrten zurück ins Haus seiner Mutter. Karl brachte Prosecco und Gläser und schenkte ein: »Auf das Wohl unserer Sibyllen!«, rief er. Teseo und seine Mutter lächelten, er warf mir einen Blick zu: Ob ich wüsste, was Karl meinte?

»Ja, hier hat man doch in der Antike Sibylla verehrt, die Apollo-Priesterin und Hellseherin. Von hier stammen auch die sibyllinischen Worte«, sagte ich und alle drei schauten überrascht. Ich lachte. »Keine Sorge, ich bin kein Bildungsmonster! Aber Sibylla und ihre Schwestern – die anderen Sibyllen, von denen man nicht genau weiß, ob es sie tatsächlich gab – reisten mit dem Wind von Kymi nach Süditalien, als sie die felsige Küste Euböas verließen. Bei uns sagt man auch, dass Sibylla aus dem Osten kam, aus Kleinasien, wo die Seefahrer von Kymi auch eine Siedlung gegründet hatten.«

Ich konnte ihr Erstaunen spüren, aber dann schenkte Karl noch mal Prosecco ein und stieß mit uns an, um der Verwunderung ein bisschen Zeit und Raum zu geben. Wir tranken und dann richteten sich wieder alle Blicke auf mich.

»Ein Teil meiner Familie kommt aus Kymi«, erklärte ich, »ich habe dort ein Haus. Lieber Teseo, diese Geschichte habe ich dir noch gar nicht erzählt. Es geschieht ja auch immer so viel mit meinen Tanten, dass nie genug Zeit bleibt! Also, die Familie meiner Großmutter Eleni, die in Istanbul lebte, stammte aus Euböa. Wir sind im Sommer öfters in diesem Haus, und als ich klein war, hat mir meine Großmutter oft die Geschichte der Sibylla erzählt. Sie kam aus dem Osten und versteckte sich an Kymis Küste in einer Grotte, um zu schlafen und um sich vor Wind, Regen und Feinden zu schützen. Großmutter erzählte, dass Sibylla in der Tiefe der Grotte die Tür zur Unterwelt fand. Sie stieg hinab und sah, was niemand bis dahin gesehen hatte. Als sie zurückkehrte, begann sie das Gesehene im ganzen Land zu verbreiten. Ihre Worte wurden von allen ernst genommen und geehrt. Sie verlangte aber von den Menschen, dass sie sie niemals weitersagen sollten. Als das Versprechen gebrochen wurde, löste sich Sibylla in Luft auf. Man sagt, dass sie mit dem Wind bis zu dieser Bucht weiterzog, die große Ähnlichkeit mit jener von Kymi hat. Dort jedoch hat eine riesige Welle alles zerstört, auch die kleine Akropolis auf dem Hügel am Hafen. Man sagt, es war Sibyllas Strafe.«

Sandra, Teseos Mutter, umarmte mich fest, als würde sie mich erst jetzt wirklich willkommen heißen. Karl legte seine langen Arme um uns, und auch Teseo streckte seine Arme aus. So standen wir da, ein enges Knäuel, und lachten. Sandra hatte sogar feuchte Augen, Karl strahlte und wiederholte ständig: »Was für eine Geschichte! Was für wunderbare Zufälle im Leben!«

In meinem Bauch begannen viele bunte Schmetterlinge zu tanzen, die mit ihrem Flügelschlag die dunklen Gefühle der Fremdheit vertrieben. Beim Blick aus dem Fenster sah ich wieder das vertraute Blau des Meeres, alles war mir dort vertraut, als wäre ich zu Hause. Hinter mir deckten die Männer inzwischen den Tisch und sprachen Italienisch miteinander. Zum Glück verstehe ich viel von dieser Sprache und fühlte mich nicht ausgeschlossen. In die Mitte des Tisches stellte Karl eine große Schüssel und Sandra brachte die Soße aus der Küche. Sie hatte vegetarische Pasta für uns gekocht, dazu eine Kräuter-Gemüse-Soße mit Zutaten aus ihrem Garten. Es schmeckte himmlisch und genauso fühlte ich mich auch!

In Bacoli blieben wir etwas über zwei Wochen. Am Strand trafen wir eines Tages Sylvana mit ihrem neuen Lover. Zum Glück, denn danach konnte ich sie endlich vergessen. Mit Sandra und Karl aßen wir ab und an zu Abend und tranken etwas auf ihrer Terrasse. Ansonsten zogen wir uns oft zurück, zum Lesen, Schreiben und Baden. Die Zeit verging viel zu schnell. Am letzten Abend, bevor wir nach Ferragosto, dem großen italienischen Fest zu Maria Himmelfahrt, aufbrachen, umarmte mich Sandra fest. »Du bist für mich eine Verwandte«, sagte sie, »nicht, weil du die Freundin meines Sohnes bist, sondern weil dich der Himmel als eine unserer stolzen Vorfahrinnen zu uns schickt. Zufälle haben immer eine Bedeutung.«

In Rom verbrachten wir vier Tage. Wir schlenderten von einer Fontana zur nächsten, an der Fontana di Trevi stiegen wir sogar nachts bei unerträglicher Hitze ins Wasser und stellten uns vor, wir wären Anita Ekberg und Marcello Mastroianni in Fellinis »La dolce vita«, und Marcello-Teseo machte mir stürmische Liebeserklärungen. »Nur meine Brust«, lachte ich und streckte sie vor, so weit ich konnte, »lässt sich mit der üppigen Oberweite von Anita Ekberg nun gar nicht vergleichen!«

Tagsüber schleckten wir Eis – besseres habe ich nie gegessen – und ich vergaß endlich einmal meinen Laptop und meine Arbeit. Teseo ließ das Auto, das seiner Mutter gehört, in Rom und wir kehrten mit dem Zug und eng umschlungen nach München zurück.

Verträumt stehe ich, den Brief meiner Tante immer noch an der Nase, mitten im Wohnzimmer und muss lächeln. Der Oregano-Duft macht mich fröhlich und die Nachrichten von Tante Iphigenia sind bestimmt auch fröhlich, denke ich und öffne den Brief. Ja, es gibt nicht nur viele Neuigkeiten aus der Familie, sondern auch wunderbare Anregungen für meine Küche! Seitdem Teseo und ich in München sind, möchte ich ihn nämlich jeden Tag bekochen und verwöhnen. Unsere Beziehung hat nach den Erlebnissen in Italien eine ganz neue Intensität bekommen. Aber jetzt lese ich den

Brief meiner Tante weiter: »Bis jetzt, liebe Eleana, waren wir schon auf Syros, Naxos, Paros und Mykonos, und gerade sind wir auf Mylos. Unterwegs haben wir viele köstliche neue Gerichte kennengelernt. Damit Du einen Vorgeschmack bekommst: Wusstest Du, dass gekochte Fischscheiben wunderbar zu Lauch und Eier-Zitronen-Soße passen? Außerdem kenne ich jetzt neue Verwendungsmöglichkeiten für süße Trauben: Auf Paros hat sie eine alte Bäuerin in die Keftedes, also in die Hackfleischbällchen, eingearbeitet. Sie sagte mir, dass sie die Trauben auch zum Lammbraten gibt oder wenn sie Kalbsleber in der Pfanne brät. (Übrigens, Dein Onkel Yusuf hat gerade kleine Fische in Feigenblättern auf dem Grill gebraten – Feigenblätter als Backpapier sozusagen, aber mit einem herrlichen Duft!)

Doch vor allem bin ich ganz vielen Oktopusexperten begegnet. Auf jeder Insel trifft man mindestens einen, der behauptet, den allerbesten Oktopus zubereiten zu können. Jetzt bin ich auch eine Oktopusexpertin. Wenn man ihn aus dem Meer herausgeholt hat, muss man ihn vierzig Mal gegen einen Felsen schlagen, damit er zart wird. Ich persönlich habe ihn tiefgefroren gekauft und ihn auch so jedes Mal weich bekommen. Auf Syros wurde uns im Kafenio ein gegrillter Oktopusarm in einem Glas Ouzo angeboten. Das hat ganz besonders gut geschmeckt!

Ich habe mir übrigens selbst eine ganz tolle Marinade ausgedacht – das Rezept findest Du am Ende des Briefes. Aber schreib mir doch mal, wie es Dir mit Teseo geht. Ach was, wohin sollst Du mir denn schreiben? Wir sind ja ständig unterwegs. Vielleicht fahren wir aber bald nach Kreta und bleiben dort etwas länger, dann gebe ich Dir unsere Adresse! Deine Tante Afroditi ist nämlich auf Kreta und sie wird wohl auch noch eine Weile dort bleiben. Es gibt sensationelle Neuigkeiten: Sie hat sich … verliebt! Jawohl! Aber Geduld! Mehr über den glücklichen Mann berichte ich Dir im nächsten Brief! Deine Tante Iphigenia.«

Ich halte den Brief wieder an meine Nase und schnuppere an dem kleinen Oregano-Tütchen, das sich sofort in ein Türchen der Phantasie verwandelt: Tante Afroditi steigt aus einem rosaroten Schaum der Liebe vor der Küste Kretas empor. Ein bisschen Kitsch ist doch erlaubt, oder? Was für ein Wunder, dass die kleine Kräutertüte auf dem Weg durch die verschiedenen Postämter nicht verlorengegangen ist. Aber – das Leben ist ja voller Wunder!

OKTOPUS MARINIERT MIT GETROCKNETEN TOMATEN UND KAPERN

Zutaten (Als Vorspeise für ca. zehn Personen):
1 großer Oktopus, ca. 2 kg (in Deutschland gibt es tiefgefrorenen Oktopus in der Lebensmittelabteilung jedes größeren Kaufhauses) • 10 getrocknete Tomaten • 2 Stängel frischer Rosmarin • 1 EL getrockneter Oregano • 1 EL getrockneter Thymian • 2 EL Kapern • 15 schwarze Pfefferkörner • Salz • 250 ml Olivenöl • 100 ml roter Weinessig

Zubereitung:
Den harten Mund des Oktopus mit dem Messer entfernen.

Die getrockneten Tomaten in eine kleine Schüssel legen, mit heißem Wasser bedecken und 30 Minuten weich werden lassen. Abtropfen lassen, das Tomatenwasser zusammen mit dem Oktopus in den Topf geben und ca. 45 Minuten kochen lassen. Nach 40 Minuten mit der Gabel prüfen, ob der Oktopus schon weich genug ist. (Wenn man es eilig hat, kann man ihn auch ca. 15 Minuten im Schnellkochtopf kochen. Allerdings kann man dabei nicht so genau regulieren, wann der Oktopus fertig ist. Oft wird er so weich, dass auch die Haut und die Saugknöpfe abgehen. Wenn man das mag, ist es in Ordnung, aber vom Oktopus bleibt fast nichts übrig. Deswegen ziehe ich den einfachen Topf vor.)

Wenn er fertig ist, herausnehmen, in kleine Stücke schneiden und in ein großes Glas geben. Die Tomaten vierteln und mit den Gewürzen Kapern, Pfeffer und Salz dazugeben. Das Olivenöl und den Weinessig mit dem Schneebesen verrühren, ins Glas gießen und das Ganze sanft schütteln, damit sich die Zutaten vermischen. Über Nacht in den Kühlschrank stellen.

Der Oktopus wird als Vorspeise mit Ouzo serviert. Wenn man ihn warm essen möchte, kann man ihn nach dem Kochen auf den Grill legen oder in der Pfanne mit Olivenöl und einem Schuss süßem Samos-Wein anbraten. Mit vielen knusprig gebratenen Zwiebeln servieren.

VIVA TEQUILA!

Heute kommt der zweite Brief von meiner Tante. Schnell öffne ich ihn, denn ich brenne darauf zu erfahren, was meine angeblich verliebte Tante Afroditi so macht.

»Liebe Nichte, Deine Tante Afroditi wird noch länger in Agia Fotia bleiben – das liegt eine Stunde von Iraklio entfernt im Süden Kretas. Agia Fotia bedeutet ›heiliges Feuer‹ – dort wohnt Kosmas. Afroditi hat ihn auf dem Schiff kennengelernt, mit dem wir nach Santorin gefahren sind. Er hat uns erzählt, dass er dreißig Jahre lang als Koch auf verschiedenen griechischen Fähren gearbeitet hat. Als er sechzig wurde, beschloss er, sich in seine Heimat Kreta abzusetzen und dort Herr über eine alte Werkstatt zu werden. Auf Santorin wollte er nur zwei, drei Tage bleiben, um einzukaufen. Wie Du weißt, liebe Nichte, ist Santorin eine Vulkaninsel. ›Gelbe Linsen und getrocknete Tomaten sind hier eine Spezialität‹, hat Kosmas uns informiert. ›Sie schmecken besonders gut, weil sie auf Lavagestein gedeihen.‹

Kosmas war ganz begeistert, als Afroditi ihm ihrerseits erzählte, dass sie ein kleines Restaurant im Süden Spaniens besitzt. Er hat sie dann sofort zu sich nach Kreta eingeladen, nach Agia Fotia. ›Du kannst bei mir neue Gerichte für dein Lokal kennenlernen‹, sagte er, ›und ich werde dir sogar einige meiner eigenen Rezepte zeigen. Zum Beispiel Miesmuscheln in Tsikoudia-Soße! Hast du das mal probiert? Tsikoudia oder Raki ist ein kretischer Schnaps, eine Art Tresterbrand. Mit dieser Soße schmecken die Muscheln besonders pikant. Das ist nicht nur eine sehr leckere Speise, sondern auch erotisch-stimulierend‹, fügte er etwas unverschämt hinzu. Dann umarmte er Deine Tante und fragte sie leise: ›Das kannst du nachprüfen, wenn ich die Muscheln für dich zubereite. Na? Was sagst du dazu, kommst du mit mir nach Kreta?‹

Am nächsten Tag sind sie also zusammen von Santorin nach Kreta gefahren. Eine Woche später hat Afroditi uns angerufen und gedrängt, sie unbedingt zu besuchen. Und da sind wir also jetzt.

Kosmas' große Werkstatt liegt am Rande von Agia Fotia, und der erste Eindruck war überwältigend: In einer großen Küche mit einer Menge altem Küchenwerkzeug, großen Töpfen aus Kupfer und riesigen Backblechen hat er einen Steinbackofen gebaut. Im hinteren Teil der Werkstatt findet man die unglaublichsten Dinge: alte Autoteile, Sitze aus einem Trabi, das Cockpit eines Hubschraubers aus dem Zweiten Weltkrieg, lange Werkbänke mit diversen Schrauben und Werkzeug und, und, und … In einem anderen Raum sind seltene Steine ausgestellt, die Kosmas auf seinen Reisen als Schiffskoch gesammelt hat. Und ich habe sofort losgelegt. Ich habe einen langen Holztisch leer geräumt und darauf meine Papiere, Stifte und Farben ausgebreitet. Seit fast vier Tagen arbeite ich jetzt dort und alles, was ich zeichne, gelingt mir wunderbar! Wenn ich mich in diesem Herbst noch ein bisschen auf meine Zeichnungen konzentrieren kann, schaffe ich es vielleicht, sie doch noch vor Weihnachten in einer Ausstellung in Venedig vorzustellen. Kosmas' Werkstatt, aber auch Kreta inspirieren mich sehr!

Schon ganz am Anfang hat uns Kosmas mit seinem ganz besonderen Tequila empfangen, den er aus Distelfeigen brennt. Du kennst doch Distelfeigen, oder? Das sind die delikaten Früchte der Kakteen, die vor allem an der Südküste Kretas wild wachsen. Aber liebe Nichte, mehr Details über Kosmas, seinen Distelfrüchtetequila und Deine verliebte Tante Afroditi bekommst Du in meinem nächsten Brief. Bis dahin weiß ich auch mehr über die verschiedenen Tequilacocktails, die uns Kosmas hier zubereitet. Ich gebe Dir unsere Adresse, damit Du mir schreibst, wie es Dir mit Teseo in Italien gegangen ist. Ganz herzlich, Deine Tante Iphigenia. Schöne Grüße an Teseo … ich hoffe, den gibt es noch und Du lässt ihn Dich verwöhnen!«

Am Nachmittag kommt Teseo zu mir; ich erzähle ihm von den Briefen meiner Tante und richte ihre Grüße aus. Ich erzähle ihm auch von Kosmas und er ist beeindruckt.

»Vielleicht können wir ihn ja nächsten Sommer auf Kreta besuchen. Ich würde auch gerne die antiken minoischen Städte besichtigen. In Mathematik waren die Minoer übrigens auch sehr fortgeschritten.«

»Ach, du immer mit deiner Mathematik!«, stöhne ich.

»Was denn? Wieso beklagst du dich? Weißt du etwa nicht, dass Mathematiker die besten Musiker, Köche und Liebhaber sind? Ich habe zumindest die zwei letzten Eigenschaften, ich hoffe, das reicht dir«, neckt er mich und verschließt meinen Mund mit einem Kuss.

Heute Morgen habe ich wieder einen Brief von meiner Tante bekommen. Sie kündigt mir ihre Rückkehr an und als Absender schreibt sie: Viva Tequila!

»Liebe Nichte, wir sind immer noch auf Kreta und Deine Tante Afroditi ist mehr denn je in Kosmas verliebt. Die beiden machen romantische Spaziergänge, reden über die verschiedenen Pflanzen, die sie finden, und meine Schwester schreit alle naselang, dass in Andalusien genau das Gleiche wächst. ›Feigenkakteen gibt es auch in Andalusien, und zwar viel mehr als auf Kreta!‹, sagte sie plötzlich gestern. Und zu ihrem geliebten Kosmas: ›Du könntest auch dort deinen Feigenschnaps destillieren!‹ Kosmas lächelte etwas verlegen und sagte nichts. Ich glaube, dass Afroditi nicht weiß, was sie will. Oder vielmehr … sie will nicht, dass dieser Sommer zu Ende geht. Sie fürchtet sich vor der Rückkehr. Und Kosmas, der ein wirklich besonderer Mensch ist, macht ihr die Entscheidung noch schwerer. Ich habe also gestern eine Idee gehabt. Mit Kosmas' Hilfe habe ich ein Abendessen organisiert und beim Nachtisch einen Vorschlag gemacht: Afroditi und Kosmas sollen erst einmal nach München kommen. Da beginnt ja gerade das Oktoberfest. Und – ich habe sie überzeugt! Liebe Nichte, ich weiß, dass Du Dich freust. Wir fliegen also gleich am kommenden Sonntag zu Dir. Wie findest Du das? Dadurch begegnen wir dem melancholischen Herbst mit einem fröhlichen Gegenprogramm, dem Oktoberfest. Wusstest Du, dass auf dem Land im Herbst die meisten Feste gefeiert werden? Deswegen sollten auch wir Großstädter entsprechend feiern und die bevorstehende Winterzeit freudig begrüßen.

Liebe Nichte, für Dich und Teseo schreibe ich hier das wirklich köstliche Rezept für gebratene Kalbsleber mit karamellisierten Trauben auf, das ich schon in meinem letzten Brief erwähnt habe. Im September sind die Trauben vollreif und am süßesten, und auf Kreta haben die Menschen dann schon mit dem Keltern begonnen. Überall duftet es nach frischem Most. Viele Familien besitzen ein eigenes Weinsilo, in dem die Trauben gesammelt werden. Dann pressen alle Familienmitglieder mit nackten Füßen den Saft aus den Früchten – das ist jedes Mal ein großes Fest mit Musik, Essen und Trinken.

Probier also die Kalbsleber mit den Trauben, ich wünsche Dir viel Erfolg mit dem herrlichen Rezept und guten Appetit. Bis zum nächsten Sonntag! Ihr braucht uns nicht vom Flughafen abholen, wir kommen mit dem Taxi zu Dir. Wir brauchen nämlich einen extragroßen Wagen, der unser ganzes Gepäck fassen kann. Wir bringen einen Koffer voll Kaktusfeigen mit – und natürlich Kosmas' berühmten Feigentequila. Ich bin sicher, der passt gut zum neuen Wiesn-Bier! Deine Tante Iphigenia.«

Sie wisse, dass ich mich freue, schreibt meine Tante. Und wenn nicht? Keine Diskussion. Familie ist Familie, und ich habe mich auf meine Familie zu freuen. Und ich freue mich tatsächlich! Vor allem auf meine Tanten Iphigenia und Afroditi, aber auch auf Onkel Yusuf. Und ich bin schon sehr gespannt auf Kosmas!

Aber jetzt werde ich erst einmal Tante Iphigenias Rezept ausprobieren und rufe Teseo an.

»Wo bist du? Was machst du?«

»Ich bin in der Uni. Ich habe ein paar Bücher geholt und arbeite hier«, erwidert er.

»Bist du bald fertig?«

»Das kommt drauf an«, sagt er.

»Kommt es vielleicht auf Kalbsleber mit karamellisierten Trauben und süßem Wein an …?«

»Mmmh!«

»… und auf viele karamellisierte Küsse?«

»Darauf kommt es ganz bestimmt an! Ich bin am späten Nachmittag bei dir. Ist das in Ordnung?«

»Mehr als in Ordnung. Ich bereite schon mal die karamellisierten Küsse vor. Bis dann!« Er lacht und ich lege auf.

KALBSLEBER MIT KARAMELLISIERTEN TRAUBEN IN SAMOSWEIN

ZUTATEN:
50 g Zucker • 1 Stange Vanille • 200 ml süßer Samoswein oder Portwein • 1 EL Speisestärke • 200 g kernlose Trauben • Olivenöl zum Anbraten • 2 Schalotten • 350 g Kalbsleber • Mehl zum Wenden • Salz, Pfeffer

ZUBEREITUNG:
In einer großen Pfanne den Zucker karamellisieren, die Vanillestange dazugeben und mit dem Süßwein ablöschen. Wenn die Flüssigkeit fast zur Hälfte eingekocht ist, mit etwas Speisestärke binden und die Trauben dazugeben. Auf kleinster Hitze noch 5 bis 10 Minuten köcheln lassen. In einer anderen Pfanne das Olivenöl erhitzen und die Schalotten, in Ringe geschnitten, glasig dünsten. Die Leberschei-

ben in Mehl wenden und in die Pfanne geben. Von beiden Seiten anbraten und mit Salz und Pfeffer würzen.

Die Leber mit den Schalottenringen und Kartoffelpüree oder Reis servieren. Die Trauben mit der Karamellsoße darübergeben.

DER SCHAUMSCHLÄGER

»Ich bin sehr gespannt darauf, Kosmas kennenzulernen«, sagt Teseo am Tag vor der Ankunft meiner Verwandten. Als Willkommensimbiss schlägt er eine Weinschaumcreme, eine Zabaione, vor. Er hilft mir auch, die Wohnung aufzuräumen und die Betten zu beziehen. Am Sonntag setzen wir uns nach dem Frühstück und dem Schlagen der Zabaione aufs Sofa und plaudern. Natürlich kann ich mich nicht zurückhalten und schlecke ein bisschen von dem leckeren Schaum. Mmh! Herrlich erfrischend und genau die richtige Menge Zucker! Teseo hat seinen Wuschelkopf noch nicht gekämmt und ich streife mit den Fingern durch seine widerspenstigen Haare, um sie zu glätten. Wir sprechen über Kosmas.

»Na ja, so wie ihn deine Tante beschreibt, kann er ja beinahe alles!«, meint Teseo misstrauisch. »Ein bisschen Werkstatt, ein bisschen Bäcker, ein bisschen Koch, Tequila destilliert er auch. Und obendrein ist er ein Künstler. Ich weiß nicht …«

Erst sage ich nichts dazu. Dann meine ich: »Mal abwarten.«

Gegen zwölf Uhr Mittag sind sie schließlich da. Nach einer herzlichen Begrüßung serviere ich Teseos Zabaione. Die Frauen sind begeistert: »Was für ein herrlicher Weinschaum! Genau das Richtige für einen guten Start in München!«

»Kann es sein, dass auch ein Schuss Amaretto drin ist?«, fragt Iphigenia.

»Mein Kaktusfeigentequila würde wahrscheinlich auch sehr gut dazu passen«, unterbricht Kosmas sie, »der ist einfach unschlagbar!« Ich übersetze Teseo in etwa seine Worte.

»Kosmas ist ein Multitalent!«, beeilt sich Tante Afroditi Teseo auf Deutsch zu erklären. »Abgesehen von Brotbacken, Kochen, Oliven ernten und Ähnlichem destilliert er auch Kaktusfeigen für seinen griechischen Tequila, in den er ganz vernarrt ist.«

»Ein Multitalent wie du, lieber Teseo«, sagt meine kluge Tante Iphigenia. »Mathematiker, Koch, Archäologe, und äh … was kannst du noch alles?« Ich schaue zu Teseo, gespannt auf seine Reaktion.

»Was ich noch kann? Euch jetzt zur Wiesn begleiten, wenn ihr den letzten Teil des Oktoberfest-Umzugs nicht verpassen wollt«, sagt er.

»Jaaa!«, ruft Onkel Yusuf. Die Tanten klatschen in die Hände, greifen nach ihren Fotoapparaten und eilen zur Tür. Afroditi übersetzt ihrem Kosmas, was wir vorhaben. Auf der Straße geht Teseo mit mir vorneweg zum Taxistand. Ich höre Tante Iphigenia Kosmas auf Griechisch erklären: »Teseo ist auch so ein Multitalent wie du, lieber Kosmas. Er schreibt gerade an seiner Doktorarbeit und ist ausgesprochen kundig in Sachen antiker Küche.« Tante Afroditi, die ständig an Kosmas' Arm hängt, bestätigt Iphigenias Worte.

»Wirklich toll, deine Weinschaumcreme, Teseo«, ruft Kosmas ihm auf Griechisch zu.

»Teseo, du musst unbedingt seinen Kaktusfeigentequila probieren! Gewürzt mit Salbei«, schwärmt Tante Afroditi. Dann steigen wir alle in zwei Taxis.

Am frühen Abend sitzen wir wieder in meinem Wohnzimmer und sind völlig erschöpft. Nicht nur wegen dem Bier und den Brathähnchen, die wir verzehrt haben, sondern auch wegen der Menschenmassen, die auf der Wiesn unterwegs waren.

Kosmas holt eine Flasche seines berühmten Kaktusfeigentequilas aus dem Koffer. Ich betrachte den neuen Freund meiner Tante genauer: sonnengebräunte Haut, gut gebaut, ein sehr offenes, etwas verlebtes Gesicht mit lebendigen Augen und weißen, buschigen Augenbrauen. Meine winzigen Schnapsgläser stehen bereit und er schenkt uns ein.

»Erzähl doch mal, wie du überhaupt darauf gekommen bist, den Saft der Kaktusfeige zu destillieren«, fordert Teseo ihn auf. Tante Afroditi übersetzt.

»Hast du schon mal einen Feigenkaktus gesehen?«, will Kosmas wissen.

»Na klar, in Italien haben wir eine Menge«, antwortet Teseo, der die Frage trotz seiner spärlichen Griechisch-Kenntnisse verstanden hat.

»Kannst du mir den Kaktus beschreiben?«, frage ich Kosmas. »Ich bin mir nicht so sicher, ob ich ihn kenne.«

»Dieser Kaktus hat keinen säulenförmigen Körper wie die meisten Kakteen, sondern ovale, flache Sprossteile, auf denen wieder andere wachsen, sodass eine verzweigte Struktur entsteht. Seine Früchte haben viele feine Dornen und auch weiche Kerne, die man mitessen kann. Das gelborange bis rote Fruchtfleisch hat einen süßsäuerlichen Geschmack. Wegen der Dornen muss man die Früchte mit dicken Plastikhandschuhen abschneiden und dann die Schale mit Messer und Gabel entfernen«, erläutert Kosmas und hebt sein Schnapsgläschen hoch. »Ich freue mich, in München zu sein, Prosit!«

Auch ich kippe mein Gläschen hinunter. »Mmh, nicht schlecht!«, meint Teseo anerkennend. »Aber du hast auf meine Frage noch nicht geantwortet.« Tante Afroditi übersetzt.

»Ach ja«, sagt Kosmas, »also, ich habe diese Früchte oft gesammelt und gegessen, bis ich eines Tages eine Schüssel damit auf meiner Terrasse in der Sonne vergessen habe. Als ich dann abends daran dachte, waren sie ziemlich zermatscht. Aus Neugier kostete ich ein Stück und fand den scharfen Geschmack der leicht vergorenen Früchte interessant. Am nächsten Tag schlug ich in meinen Büchern nach und las, dass man bei der Herstellung von Tequila in Mexiko das Herz der Blauen Agave sechsunddreißig Stunden lang zwischen sechzig und fünfundachtzig Grad kocht. Mit diesem Grundwissen habe ich dann angefangen zu experimentieren. Mit Erfolg, wie ihr jetzt feststellen könnt! Und zum Probieren habe ich extra ein paar Kaktusfeigen aus Kreta mitgebracht. Wir können auch Marmelade daraus machen.«

Später, als wir im Bett liegen, erkläre ich Teseo, dass es Tante Iphigenia war, die sich diese Reise für das frisch verliebte Paar ausgedacht hat. »Eben etwas Feierliches, Schönes, und außerdem gut gegen die Rückkehrmelancholie nach dem

Urlaub. Und wer weiß?«, sagte sie zu mir. »Vielleicht entschließt er sich ja, Afroditi nach Andalusien zu begleiten.«

Aber vorerst ist Kosmas von München und dem Oktoberfest begeistert und hat sich auch schon eine Lederhose und einen Trachtenhut gekauft. Heute hat er sogar angekündigt, dass er aus Teseos exotischer Zabaione eine bayerische machen will: »Schweinelende mit Senf-Bier-Zabaione«, schmettert er angeberisch. »Ich koche für euch!« Und er beginnt wie ein wahrer Kochkünstler: Er schneidet die Schweinelende in der Mitte durch, ritzt in beide Hälften eine kleine längliche Tasche, füllt sie geschickt mit klein geschnittenen Pflaumen und steckt sie wieder zusammen. Dann schlägt er aus einem kleinen Glas Bier, Senf und Eigelb im Wasserbad eine Zabaione auf.

Kurz vor dem Abendessen kommt Teseo, der den ganzen Tag an der Uni war. Er geht sofort in die Küche, schaut Kosmas eine Zeit lang zu, kommt aber bald wieder ins Esszimmer und setzt sich neben mich. »Kosmas braucht keine Hilfe«, meint er nur. Meine Tanten haben den Tisch schön gedeckt und aus der Küche ruft Kosmas, dass alle Platz nehmen sollen. Dann serviert er den Schaum mit dem Fleisch und … in Butter angebratenen, fertig gekauften Knödeln.

Beim Essen merke ich an der Art und Weise, wie Kosmas mit Teseo redet, dass er ihn bevormundet, was bei Teseo nicht gut ankommt. »Kosmas ist sofort neidisch geworden, als wir ihm erzählt haben, dass Teseo so gut kochen kann!«, raunt mir Tante Afroditi zu, der die Spannung zwischen den zwei Männern auch nicht entgangen ist. Kosmas versucht, Teseo griechische Wörter beizubringen, und erklärt ihm gestikulierend, wie er den Senfschaum gemacht hat. Nach dem Essen trinken wir noch einige Gläschen griechischen Tequila. »Tequila pur! Sfinaki, sagen wir Griechen dazu, das heißt einen kleinen Schluck nehmen und alles auf einmal hinunterkippen!«, erklärt Kosmas. »Und übrigens, ich habe euch auch eine Zabaione als Dessert gemacht. Eine Feigentequilazabaione mit Vanilleeisparfait und Zuckermelone.«

»Und du hast dafür bestimmt sehr viel Schaum geschlagen, oder?«, fragt Teseo. »Denn eigentlich bist du der größte Schaumschläger, den ich in meinem Leben kennengelernt habe!«, fährt er fort und grinst, als wäre nichts gewesen. Kosmas grinst auch, weil er nichts verstanden hat, meine Tanten grinsen ebenfalls, weil sie nicht möchten, dass Kosmas merkt, dass die Bemerkung gerade beleidigend war.

»Hohoho!«, ruft Onkel Yusuf. »Das war gut, mein Lieber, aber irgendwie knapp unter der Gürtellinie!«

»Hohoho!«, lacht jetzt auch Kosmas.

Tante Afroditi bekommt eine blasse Nase.

SCHWEINELENDE MIT SENF-BIER-ZABAIONE

Zutaten:

200 g Backpflaumen • 350 ml Bier • 800 g Schweinelende • Salz, Pfeffer, • Olivenöl zum Anbraten • 3 TL Senf • 4 Eigelb • evtl. 4 Eiweiß

Zubereitung:

Die Pflaumen entsteinen, klein schneiden und 2 bis 3 Stunden in 150 ml Bier einweichen.

Sehnen und Haut von der Schweinelende entfernen und diese der Länge nach in der Mitte aufschneiden. Eine längliche Tasche bilden und mit den Pflaumen füllen. Die Tasche mit Zahnstochern gut zusammenstecken oder mit dickem Garn festnähen. Das Fleisch mit Salz und Pfeffer würzen und in einer Pfanne mit heißem Öl kurz anbraten. Den Ofen auf 220° C vorheizen. Die Lende in eine Auflaufform mit etwas Wasser geben und etwa 40 Minuten im Backofen bei 180° C garen, bis das Fleisch weich ist.

Für die Zabaione 200 ml Bier, den Senf, die Eigelb, Salz und Pfeffer in eine Schüssel geben, mit dem Schneebesen gut vermischen und im gerade siedenden Wasserbad so lange schlagen, bis ein fester Schaum entsteht.

Wenn der Schaum nicht gelingt, das Eiweiß steif schlagen und untermischen.

Das Fleisch in schrägen Scheiben aufschneiden, auf den Tellern anrichten und mit der Zabaione begießen. Den Rest der Soße getrennt reichen. Mit Kroketten oder Knödeln servieren.

TEQUILAZABAIONE MIT VANILLEEISPARFAIT UND ZUCKERMELONE

Zutaten:

4 Eigelb • 40 g Zucker • 20 ml Tequila • 1 Zitrone, Saft und abgeriebene Schale • etwas Zimt • Vanilleeisparfait (jede Sorte von cremigem Eis, kein Sorbet) • 1 Zuckermelone

Zubereitung:

Die Eigelb mit dem Zucker schaumig schlagen, danach den Tequila, die Zitronenschale und eine Prise Zimt dazugeben. Die Creme im heißen Wasserbad mit dem Schneebesen schlagen. Sie wird dann schön dickflüssig. Zum Schluss mit dem Zitronensaft abschmecken. Je eine Kugel Eisparfait auf einen Teller geben, die Zabaione darüber verteilen und mit etwas Zimt bestäuben. Dazu ein Stück Zuckermelone servieren.

ZUNGENÜBUNGEN

Nach dem Essen brechen Teseo und ich auf; wir wollen zum ersten Mal in seiner kleinen Wohnung übernachten. Ich finde es wunderbar. Meine Tanten sind etwas verblüfft, vielleicht sogar betroffen, als wir aufstehen und uns verabschieden. Nur Kosmas wundert sich nicht, er denkt wohl, es ist die Regel, dass wir zu Teseo gehen, wenn viele Verwandte zu Besuch sind. Ich bin begeistert, dass sich Teseo einmal bissig gezeigt hat und nicht immer nur nett ist.

Am nächsten Morgen lasse ich ihn arbeiten und mache mich auf den Heimweg – auch ich muss etwas am Computer tun. In der Wohnung finde ich Tante Afroditi alleine vor, die anderen sind bummeln gegangen. Sie räumt schweigend auf. Ich vermute, sie ist wegen Teseos Bemerkung beleidigt. Noch immer schweigsam macht sie Kaffee, stellt ein paar Croissants auf den Tisch und fragt mich schließlich, ob ich etwas essen mag. Ich nehme ein Croissant, und sie setzt sich zu mir und nippt an ihrer Kaffeetasse. Teseo und Kosmas seien sich sehr ähnlich, hebt sie an, deswegen hätten sie Schwierigkeiten miteinander. Aber sie würden sich schon aneinander gewöhnen, das spüre sie mit ihrem sechsten Sinn.

»Da braucht man doch keinen sechsten Sinn«, erwidere ich. »Ich frage mich nur, ob Teseo Kosmas so schnell wiedersehen will.«

Tante Afroditi wechselt sofort das Thema und erzählt mir ziemlich umständlich, wie man mit Zungenübungen seinen sechsten Sinn schärfen kann.

»Gestern habe ich meinen ersten Kurs im Zungespüren und Schmecken gemacht.«

»Was heißt das, Tante?«

»Also pass auf«, sagt sie leise, als würde sie mir ein Geheimnis verraten, »gestern habe ich mit Kosmas über unsere Zukunft und über Spanien geredet. Dass ich dort lebe, ein Restaurant habe und irgendwann dorthin zurückkehren muss. Und ob er mich nicht begleiten wolle. Er blieb erst einmal ruhig. Dann sagte er, dass diese Spanienreise noch in den Sternen stehe. Nichts sei endgültig entschieden. Aber vielleicht komme irgendwann der Moment, in dem wir wissen würden, was das Richtige für uns sei. Dann hat er mir ein Spiel vorgeschlagen. Wenn man lerne, die Fähigkeit seiner Zunge zu schärfen, sodass man die verschiedenen Geschmacksnoten besser erkennen könne, würde man sensibler werden und auch die Stimmungen in seiner Umgebung besser wahrnehmen.«

Auf meine Frage, wie man das übt, beschreibt Tante Afroditi, wie Kosmas ihr mit einem Schal die Augen verbunden und sie in die Küche geführt hat. Er bat sie, Vertrauen zu ihm zu haben, hielt ihr eine Schüssel unter die Nase und fragte sie, was sie roch.

»Ich schnupperte daran ... ein süßliches Gemüse? Gekochte Süßkartoffeln? Nein ... Zucchini vielleicht? ... Oder Kürbis? Ja, Kürbis war das«, erzählt Tante Afroditi. Kosmas lobte sie und ließ sie eine Löffelspitze der cremigen Masse probieren. Kürbispüree mit ein bisschen Sahne, ein zarter, samtener Geschmack. Kosmas meinte, die Kürbisfrucht sei eine gute Basis, um andere Gewürze beizumischen. Dann brachte er sechs kleine Schälchen mit Kürbispüree und in jedes Schälchen hatte er ein anderes Gewürz hineingerührt.

»Ich probierte«, fährt meine Tante fort. »Der Geschmack war seltsam ... Er meinte, ich solle den Geschmack in meinem Mund weiter erforschen. Das tat ich auch ... drei Minuten, fünf Minuten lang? Und dann wusste ich: Es war Muskatnuss! ›Sehr gut!‹, lobte mich Kosmas wieder, ›und jetzt das hier!‹ Ich nippte daran ... dieser Geschmack war sehr interessant, aber auch sehr exotisch ... ›Kreuzkümmel passt wunderbar zum Kürbispüree!‹ Er lachte, umarmte mich und ich bekam einen feurigen Kuss. Diese Suche nach den verschiedenen Gewürzen war aufregend. Er ließ mich noch Paprika, Selleriesalz, Basilikum und Safran erkosten. Ich bin richtig süchtig geworden. Zuallerletzt habe ich Kürbispüree mit Chilipfeffer probiert. Das war die reinste Explosion im Mund! Mein ganzer Gaumen prickelte. Danach sind wir spazieren gegangen und haben kaum geredet. Wir haben uns nur festgehalten. Ich fand die ganze Prozedur jedenfalls sehr erotisierend«, summiert Tante Afroditi. »Heute Abend planen wir für euch drei verschieden gewürzte Kürbispürees. Das wird bestimmt Spaß machen. Und weißt du was? Wenn Kosmas und ich diese Geschmacksexperimente öfters machen, glaube ich nicht, dass wir uns trennen können. Das sagen mir meine Zunge und mein sechster Sinn! Ist das nicht toll?«

»Ja, Tante, aber ist das nicht ein bisschen kitschig?«
»Nein, das finde ich überhaupt nicht!«

Am Nachmittag sind alle wieder da. Tante Iphigenia und Onkel Yusuf müssen am nächsten Tag zurück nach Venedig, denn mein Onkel wird in der Klinik dringend gebraucht. Wir experimentieren mit dem Kürbispüree und den verschiedenen Gewürzen und lachen viel dabei.

»Kommt dein Teseo nicht?«, flüstert mir Tante Iphigenia ins Ohr.

»Keine Ahnung, ich glaube nicht, Kosmas nervt ihn sehr.«

»Und was essen wir heute Abend?«, fragt Tante Afroditi. »Das Kürbispüree macht doch nicht satt! Was kochen wir noch?«

»Wir warten auf Teseo«, sagt Kosmas, »und dann lassen wir uns zusammen etwas einfallen.«

Ich glaube, ich muss jetzt sagen, dass er wahrscheinlich nicht kommt. Alle schauen zu mir und in diesem Moment klingelt es an der Tür.

»Habt ihr was zu essen?«, fragt Teseo lachend und kommt leichten Schrittes auf uns zu.

»Kürbispüree und Kürbissuppe!«, sagt Kosmas und Teseo freut sich.

»Ich liebe Kürbis!«, ruft er.

»Kürbispüree bekommst du. Aber wie wäre es, wenn wir heute Abend gar nichts kochen?«, fragt Kosmas.

»Gar nichts? Unmöglich!«, sagt meine Tante Afroditi. »Gerade du, als starker Kerl, brauchst doch etwas Gutes und Warmes im Magen«, lächelt sie ihn an, »aber auch meine Nichte, die immerzu an ihrem Computer sitzt.«

Kosmas hat eine besondere Idee: »Wie wäre es, wenn ich euch mit kostbaren, genussvollen Geschichten satt bekomme und verwöhne? Und dazu …«

»Geschichten ohne Essen? Wir sollen uns mit Luft und schönen Worten begnügen?«, unterbricht ihn meine Tante voreilig. »Unmöglich!«

»Wusstest du nicht, dass schöne Worte satt machen?«, erwidert Kosmas schmunzelnd. »Als wir im Krieg auf Kreta nichts zu essen hatten, erzählte uns unsere Mutter Geschichten. Wir haben die spannendsten Märchen gehört, mit mutigen Prinzen, die gegen Drachen kämpften. Dabei haben wir unseren knurrenden Magen vergessen und sind eingeschlafen«, berichtet er. Ich übersetze für Teseo, und er ist auf einmal vergnügt und interessiert.

»Mit Geschichten wird man satt, und auch mit … drei Käsesorten …«, flüstert Kosmas geheimnisvoll, »einer Rote-Bete-Tarte, fünf Trauben und … einem faulen Abend!«

Er geht in die Küche und bringt ein Holztablett mit drei Päckchen. Wir gucken alle verwundert. Er packt den ersten Käse aus und legt ihn auf das Brett.

»Mmh! Wie aromatisch! Grana Padano«, rufe ich begeistert aus.

»Kennt ihr den?«, fragt Kosmas. »Ein hervorragender Käse aus Teseos Heimat Italien. Sein Geschmack ist etwas milder als der von Parmesan. Habe ich recht, Teseo?«

»Ja«, antwortet Teseo, »Parmigiano Reggiano ist einfach der König, aber Padano ist ein ganz zarter Prinz.«

Kosmas packt den nächsten Käse aus und legt ihn auch auf das Holzbrett. »… Manchego aus Spanien ist ein furchtloser Ritter … und hier ist Kasseri aus Griechenland – ein edler byzantinischer Priester!«, sagt er und verbeugt sich vor uns. Teseo lacht vergnügt. Ich freue mich, dass seine Abneigung gegen Kosmas zu schwinden scheint.

»Deiner Phantasie, lieber Kosmas, kann man ja keine Grenzen setzen!«, bewundert Tante Afroditi ihren Geliebten.

»Diese Geschichte hier ist voller Phantasie, nicht ich!«, sagt er bescheiden und hebt an: »Vor vielen, vielen Jahren, Ende des fünfzehnten Jahrhunderts, trafen sich auf dem Weg zum heiligen Berg Athos ein Mönch aus dem Kloster Chiaravalle in Mailand, ein Ritter aus der spanischen Region La Mancha, Cousin des berühmten Don Quijote, und ein orthodoxer Priester aus Thessalien. Sie gingen gemeinsam weiter und bei Sonnenuntergang suchten sie sich ein ruhiges Plätzchen zum Übernachten.

›Ich habe einen guten Käse dabei‹, sagte der Erste.

›Ich habe auch einen hervorragenden Käse dabei‹, sagte der Zweite.

›Und ich habe den besten Käse dabei‹, sagte der Dritte.

›Käse, Käse, nur Käse?‹, fragten alle drei wie aus einem Mund. ›Nichts anderes?‹

›Wartet ab‹, sagte der Spanier aus La Mancha und holte einen harten, sehr aromatischen Käse hervor. ›Manchego! Der beste Käse der Welt, aus guter, reiner Schafsmilch gemacht!‹

Der Mönch aus Mailand holte seinen Grana Padano hervor. ›Dieser Käse ist aus reiner Kuhmilch, der am längsten gereifte Käse. Vierundzwanzig Monate lagerte er und deswegen ist er auch der Allerbeste!‹

›Liebe Brüder‹, sagte der griechische Priester, ›ich will euch nicht kränken, aber der allerbeste Käse ist der, den viele Länder zu ihrem eigenen gemacht haben. Manchego ist bekannt in La Mancha, Grana Padano in der Lombardei, aber meinen Kasseri, einen cremigen Käse aus Schafs-

und Ziegenmilch, kennt nicht nur Griechenland, sondern auch ganz Anatolien und Arabien. Er hat eine butterartige Konsistenz und auch der Geschmack erinnert an Butter. Und man kann ihn in einer kleinen Pfanne braten. Saganaki! Der passt ausgezeichnet zum Wein.‹

Die anderen schauten ihn an, als würden sie mit ihm streiten wollen. Er aber zog unter seiner Kutte eine Flasche Wein hervor. Auch der italienische Mönch und der spanische Ritter zauberten daraufhin je eine Flasche Wein hervor.«

Kosmas öffnet jetzt unsere Weinflasche und schenkt allen ein. »Zum Wohl!«, ruft er und wir heben unsere Gläser.

»Auf den besten Geschichtenerzähler!«, sagt Teseo, der sich ganz still meine Übersetzung der Geschichte angehört hat. »Und was ist dann passiert?«, fragt er.

»Also«, erzählt Kosmas weiter, »die drei Brüder waren glücklich und erzählten sich Geschichten bis tief in die Nacht. Am nächsten Morgen kam ich auch da vorbei und servierte ihnen zum Frühstück eine Rote-Bete-Tarte mit Kasseri, Manchego und Trauben, und wir faulenzten den ganzen Tag mit Geschichtenerzählen und Grana Padano. Und genauso machen wir es jetzt auch!« Schnell geht er in die Küche – und bringt ein Backblech mit der fertigen Rote-Bete-Tarte! Wir prosten ihm alle begeistert zu.

»Auf Teseo!«, ruft Kosmas. »Und darauf, dass wir ihn bald Dottore in Matematica nennen können!«

»Auf unsere Männer!«, ruft auch Tante Afroditi, »und darauf, dass sie uns immer schöne Geschichten erzählen.«

»Ich werde dich sogar in Spanien mit meinen Geschichten verwöhnen«, flüstert Kosmas Afroditi zu. Vor Freude springt sie auf wie ein kleines Mädchen und umarmt ihn fest.

TIPPS FÜR HOKKAIDO-KÜRBIS

Die meisten Rezepte in Büchern oder im Internet empfehlen, den Hokkaido-Kürbis vor dem Kochen in Stücke zu schneiden und die Kerne zu entfernen. Das ist eine harte und gefährliche Arbeit. Am besten den ganzen Hokkaido-Kürbis nach dem Abwaschen oder Abschrubben, wenn nötig, in einen Topf mit kochendem Wasser geben. Wenn der Topf nicht groß genug ist, den Kürbis immer wieder drehen, sodass er gleichmäßig gegart wird. Die Schale wird in 10 bis 15 Minuten weich. Dann kann man den Kürbis aus dem Topf nehmen und durchschneiden. Wenn er etwas abgekühlt ist, die Kerne mit einem Löffel herausnehmen. Den Hokkaido in Stücke zu schneiden, ist dann kinderleicht. Die weiche Schale lässt sich mitessen. Die Kürbisstücke kann man mit dem Kartoffelstampfer zerdrücken. Dann kann man, nach Geschmack und Phantasie, ein individuelles Kürbispüree kreieren. Mit Soja- oder Kokosmilch, Kreuzkümmelpulver und Chilipulver würzen, eine gekochte, zerdrückte Kartoffel, Quark oder Joghurt untermischen oder auch Schafskäse zerbröckeln und unterrühren.

EXOTISCHES KÜRBISPÜREE

ZUTATEN:
1 größerer Hokkaido-Kürbis oder 2 kleine • 1 kleine gekochte Kartoffel • 1 TL Chilipulver • 1 TL Kreuzkümmel • 2 EL Kürbiskernöl • 1 EL Ingwerpulver • 1 EL Senf-

pulver • 2 EL Frischkäse • etwas Sahne • Salz, Pfeffer • 2 EL gehackte Walnüsse

ZUBEREITUNG:
Die Kürbisstücke samt Schale mit der gekochten Kartoffel zerdrücken, die Gewürze und den Frischkäse unterrühren. Wenn das Püree zu fest ist, eventuell etwas Sahne unterrühren. Mit Salz und frisch gemahlenem Pfeffer würzen und ganz zum Schluss die gehackten Walnüsse dazugeben.

ROTE-BETE-TARTE MIT KASSERI, MANCHEGO UND TRAUBEN

ZUTATEN:
Salz • ½ kg Rote Bete • 250 g Weizenmehl • 250 g Butter • 2 ganze Eier • 100 g Kasseri-Käse in feine Scheiben geschnitten (im griechischen Feinkostladen erhältlich, sonst Frischkäse nehmen) • 125 ml Sahne oder Crème fraîche • 1 Eigelb • 1 Bund Thymian • 2 TL süßer Senf • Cayennepfeffer • 150 g Trauben • 80 g Manchego-Käse

ZUBEREITUNG:
In einem Topf Salzwasser zum Kochen bringen. Die gewaschenen Rote Bete etwa ½ Stunde lang darin kochen.

Das Mehl, die Butter, 1 Ei und eine Prise Salz in eine Schüssel geben und miteinander verkneten. Den fertigen Mürbeteig ausrollen und die gefettete Form (26 cm Durchmesser) damit auskleiden. Im vorgeheizten Backofen bei 180° C ca. eine Viertelstunde backen.

Die gekochten Rote Bete schälen, in gleichmäßige Scheiben schneiden und schichtartig auf dem Kuchenboden verteilen. Anschließend die Kasseri-Scheiben auf das Gemüse geben.

Die Thymianblätter abzupfen und einige für die Garnitur beiseitelegen. Die Sahne mit dem zweiten Ei und dem Eigelb in eine Schüssel geben und mit den Thymianblättern verrühren. Mit Senf, Cayennepfeffer und Salz abschmecken und über die geschichteten Rote-Bete- und Kasseri-Scheiben gießen. Abschließend die Trauben darauf verteilen und den geriebenen Manchego-Käse darüberstreuen.

Die Tarte ca. 45 Minuten bei 200° C backen. Vor dem Servieren mit den restlichen Thymianblättern garnieren.

QUITTEN WIE WIDERSPENSTIGE FRAUEN

Tante Iphigenia und Onkel Yusuf sind abgereist – mit Vollkornbrot und süßem Senf im Gepäck. Auch Kosmas und Afroditi wollen etwas finden, das es in Spanien vielleicht nicht gibt, und gehen in den nächsten Tagen oft auf den Markt. Schließlich bringen sie ganz viele Quitten mit. »Die gibt es in Spanien zwar auch, aber wir wollten sie vor unserer Abreise für dich und Teseo zubereiten, damit ihr uns nie vergesst!«, sagt Kosmas.

Am Morgen steht er früh auf und bereitet einen Schweinebraten mit Quitten zu. Die ganze Wohnung duftet köstlich. »Grüß bitte Teseo von mir und macht euch einen schönen Abend mit meinem Essen – endlich wieder zu zweit! Und sag ihm, dass ich weiß, wie sehr ich ihn manchmal genervt habe. So ist es halt mit mir, man muss mich einfach nehmen, wie ich bin!« Und Kosmas lacht schallend. »Heute Abend werdet ihr an uns denken, ja? Hast du übrigens gewusst, dass das Wort Marmelade von der Quitte kommt? Unmöglich, denkst du jetzt. Doch die Griechen nannten die Quitte früher Melimelon, Honigapfel. Die Portugiesen veränderten das Wort ein bisschen und sagten Marmelon. Von Marmelon zu Marmelade ist es ja nicht sehr weit. Fünfzig Kilo Quitten bekomme ich im Jahr von jedem meiner drei Quittenbäume«, erzählt Kosmas stolz. Oder soll ich ihn jetzt, wo er mit meiner Tante zusammenzieht, Onkel Kosmas nennen?

Wir sitzen im Bus Richtung Flughafen. Tante Afroditi ist etwas nervös wegen der Reise nach Spanien und den vielen Koffern, die sie dabeihaben. Kosmas aber ist die Ruhe selbst und hört nicht mehr auf, von den Quitten zu erzählen. »Von diesen fünfzig Kilo muss ich jedes Mal zwanzig Kilo aussortieren«, fährt er fort, »weil die Früchte oft innen verfault sind oder schwarze Stellen bekommen. Quitten sehen zwar robust und hart aus, sind aber sehr empfindlich.«

»Hast du an die Lebkuchen für Carmen gedacht?«, fragt ihn meine Tante.

»Ja, klar!«, antwortet er und ist schon wieder bei seinem Lieblingsthema: »Der Quittenbaum ist einer der ältesten Bäume im ganzen Mittelmeerraum. Er wächst seit über viertausend Jahren im südlichen Kaukasus, in Armenien, und gedieh dann auch in Kleinasien und Griechenland, in Spanien und Portugal. Heute ist die Quitte sogar in manchen deutschen Regionen heimisch geworden, wie ich gehört habe, in Franken zum Beispiel.«

»Hast du auch an die Weißwurstdose für Esmeralda gedacht?«, unterbricht ihn wieder Tante Afroditi.

»Aber jaaa doch!«, antwortet er leicht ungeduldig. »Schon Hippokrates, der große Arzt der Antike, schrieb über die heilende Kraft der Quitten. Frag mal Teseo, wenn du sicher sein willst«, empfiehlt mir Kosmas, der wieder die Ruhe selbst ist. »Und jetzt zu den Rezepten«, kündigt er an. »Abgesehen von Marmelade, Gelee, Mus und Kompott kann man die Quitten auch als Beilage zu Fleisch essen. Die Griechen, die früher entlang der kleinasiatischen Küste der Türkei wohnten, füllten die Quitten mit reichlich gewürztem Hackfleisch und schmorten sie auf dem Backblech mit Kartoffeln, Tomaten, griechischem Schafskäse und Olivenöl. Auf Korfu und Kefalonia gibt es ein Gericht namens Sofigado: Die Quittenfrüchte werden mit Kalbsfleisch, Kartoffeln, Rosmarin und Traubenmost zubereitet. Mancherorts lassen sie auch Oktopus mit Schalotten und Quitten im Topf schmoren.«

In der Schalterhalle verabreden wir ein Wiedersehen in vier Wochen in Venedig. Tante Iphigenia hat es tatsächlich geschafft, dort eine Ausstellung zu organisieren; gleich heute Morgen hat sie angerufen und es uns mitgeteilt.

»Ich bin ganz gespannt auf ihre Zeichnungen«, sagt Tante Afroditi zu mir. »Hast du schon etwas davon gesehen? Auf Kreta, wo sie daran gearbeitet hat, wollte sie mir nichts zeigen.«

»Ja, ich habe schon einige gesehen. Und ich bin sicher, dass die Ausstellung ein großer Erfolg wird«, erwidere ich.

Kosmas schwelgt weiterhin in seiner eigenen Gedankenwelt: »Ganz interessant ist auch das Quittenbrot.«

»Ja, aber als ich gestern in eine Quitte gebissen habe«, wende ich ein, »war sie hart und sauer, und in meinem Mund hatte ich ein unangenehmes pelziges Gefühl.«

»Das ist eben das Problem mit den Quitten«, sagt Kosmas.

»Und deinen griechischen Ausweis? Sicher nicht vergessen?«, unterbricht ihn Tante Afroditi schon wieder, als wir in der Schlange am Check-in-Schalter vorrücken. Kosmas seufzt.

»Siehst du? Das ist es eben! Quitten sind wie Frauen! Hart im Nehmen, widerspenstig und oft erst einmal ungenießbar. Aber wenn man sie gut zubereitet, werden sie weich und rotbraun wie Honig. Und du … du fühlst dich dann wie im Paradies, wie ich mit meiner Afroditi!«, lächelt Kosmas meine Tante zweideutig an.

QUITTEN MIT HACKFLEISCH GEFÜLLT

Zutaten:
8 Quitten • 1 klein gehackte Zwiebel • 1 kg Hackfleisch • 1 gelbe Paprika • 2 Tomaten oder gewürfelte Pizzatomaten aus der Dose • ½ Bund Petersilie • 1 Msp. Wacholderpulver • 1 Msp. Muskatnuss • 1 Msp. Kreuzkümmel • 1 Prise Zimt • Salz, Pfeffer • 120 g Parmesan • 150 ml Olivenöl

Zubereitung:
Die Quitten im Backofen (ca. 1 Stunde bei 200° C) oder in einem Topf mit kochendem Wasser (ca. 45 Minuten) gerade so weich werden lassen, dass man sie in der Mitte durchschneiden und aushöhlen kann. Das Fruchtfleisch beiseitestellen. Die gehackte Zwiebel in der Pfanne dünsten, das Hackfleisch dazugeben und anbraten. Die klein geschnittene Paprika, die Tomaten, die fein gehackte Petersilie und die Gewürze hinzufügen, salzen, reichlich pfeffern und ca. 10 bis 15 Minuten gar werden lassen. Die Hälfte des Quitten-Fruchtfleischs untermengen und den Parmesan einrühren.

Die Quitten auf einem Backblech mit der Hackfleischmasse füllen, etwas Olivenöl darüber träufeln, in den Backofen schieben und bei 180° C etwa ½ Stunde backen.

LIEBES SESAMKÖRNCHEN, ÖFFNE DICH!

Jetzt sind Afroditi und Kosmas schon seit fast zwei Wochen in Andalusien. Carmen, die Vertraute meiner Tante, hat die beiden mit dem Auto in Granada abgeholt und nach Cazorla gebracht. In Afroditis Taverne hatten ihre spanischen Freunde für eine Überraschung gesorgt und ein Willkommensfest mit Ballons, Tapas und Süßigkeiten organisiert. Woher ich das weiß? Na ja, Kosmas ruft mich fast jeden Tag an und erzählt. Er fragt auch ständig, ob es mir gut geht und ob Teseo mit seiner Doktorarbeit vorankommt. Er mache sich Sorgen um mich, sagt er. Aber ehrlich gesagt, ich mache mir noch mehr Sorgen um ihn! Ich merke, dass er sich in Andalusien ein bisschen verloren fühlt. Er spricht kein Spanisch, kennt niemanden und es ärgert ihn, dass man ihn »Cosmo« nennt, weil dieser Name dort geläufiger ist. Wie soll das werden? Er, der starke Mann aus Kreta mit seinen Olivenbäumen und seinem Feigenschnaps, soll jetzt das Anhängsel von Tante Afroditi in Cazorla sein?

Heute Morgen bekomme ich vom Briefträger eine wunderschön verpackte Dose aus Spanien. Kosmas ist der Absender! Ich öffne sie schnell. Die Plätzchen, die ich darin vorfinde, duften himmlisch. Es sind kleine Hörnchen, etwas länger, fester und knuspriger als die üblichen Vanillekipferln. Diese hier sind von geröstetem Sesam umhüllt. Ich beiße hinein – mmh, wunderbar mürbe und kross zugleich, mit der feinen Note von Olivenöl. In der Dose finde ich auch einen langen Brief von Kosmas.

»Unglaublich, wozu Sesam gut ist und wie vielen Speisen er seinen Duft und seinen besonderen Geschmack verleiht«, schreibt er. »Ob süß oder salzig, geröstet oder zerdrückt, oder als Sesampaste!« Und weiter: »Wusstest Du, dass Sesamsamen in Europa immer seltener gewonnen wird? Die Produktion ist mühsam und braucht viele Hände. Deswegen importiert man ihn heute vor allem aus Indien, China, dem Sudan und Mexiko. Ursprünglich kommt die Sesampflanze aus Ostafrika und wird sogar in babylonischen Schriften aus dem Jahre 2000 vor Christus erwähnt. Sie gedeiht hauptsächlich dort, wo sie ausreichend Feuchtigkeit und Wärme vorfindet. Auch auf Kreta wächst in manchen Regionen Sesam und die Sesamkipferln mit Olivenöl sind ein altes, traditionelles Gebäck. Und weißt Du, warum Ali Baba und seine Räuber ›Sesam öffne dich‹ gerufen haben?«, schreibt Kosmas weiter. »Ganz einfach: Weil sich die Sesamsamen in einer Fruchtkapsel befinden. Sie platzt plötzlich auf und offenbart all ihre Schätze, also die Sesamkörner. Diese Plätzchen, die Du jetzt genüsslich kaust, habe ich heimlich gebacken. Nachdem ich hier alles genauestens inspiziert habe, die Küche, die Kochutensilien und die Speisekammer mit ihren Vorräten, war ich schließlich beruhigt. Also bin ich nachts aufgestanden und während alle anderen, auch meine Afroditi, im Haus geschlafen haben, habe ich begonnen die Zutaten zu mischen: Olivenöl, Zucker,

Orangensaft, Zimt, Nelken, Cognac – wenn ich auf Kreta bin, nehme ich Schnaps –, natürlich auch ein ganzes Glas gerösteter Sesam und Mehl. Ich verknete alle Zutaten und forme aus dem weichen, ziemlich öligen Teig meine Kipferln. Ganz zum Schluss wälze ich sie in angefeuchtetem Sesam und dann schiebe ich sie auf einem Blech in den Backofen. Als die spanischen Putzfrauen und auch Carmen in der Früh in die Taverne kamen, habe ich sie mit meinem Berg von Sesamkipferln empfangen. Sie waren begeistert – und haben mich zum ersten Mal respektvoll angeblickt!«

Ich lächle, na klar, schlitzohrig ist er schon. Er musste sich ja bei den Freundinnen meiner Tante beliebt machen. Außerdem hatte er tags zuvor einen ganz schönen Streit mit Afroditi gehabt, erzählt er mir bei unserem abendlichen Telefonat. »Die Stimmung war wirklich mies. Stell dir vor, sie hat nicht mehr mit mir gesprochen! Und nicht nur das, sie hat sich ins Bett gelegt und das Licht ausgemacht. Ich bin dann mitten in der Nacht in die Küche gegangen und habe mich den himmlischen Sesamkipferln gewidmet. Als sie fertig waren, bin ich in dem Zimmerchen neben der Küche auf dem Sofa eingeschlafen.«

»Und am nächsten Morgen? Was hast du da gemacht?«, frage ich gespannt.

»Also, pass auf: Ich hab mir ein kleines silbernes Tablett genommen und ein paar Sesamkipferln darauf gelegt. Dann bin ich ins Schlafzimmer deiner Tante gegangen, habe das Tablett neben ihr Kissen gestellt und gesagt: ›Mein kleines wertvolles Sesamkörnchen, öffne dich bitte!‹ Und was glaubst du, was sie gemacht hat? Sie wollte schmollen, aber ich habe ihr einfach ein Kipferl in den Mund geschoben. ›Mmh!‹, sagte sie nur, öffnete ihre Arme und zog mich unter die Decke. Allerdings haben wir seitdem das Problem, dass das Bett voller Sesamkörner ist.«

Ich lache sehr über Kosmas' amüsante Geschichte. »Schwör mir, dass du meine Sesamkipferln nicht alleine isst, sondern auch welche für Teseo übrig lässt«, ermahnt er mich. »Und ruf mich bitte an und erzähl mir, ob sie ihm geschmeckt haben. Wir treffen uns in zwei Wochen in Venedig! Inzwischen telefonieren wir. Bis bald!«

SESAMGEBÄCK MIT OLIVENÖL

Zutaten:
100 g Zucker • 400 ml gutes Olivenöl • 30 ml Cognac • Saft von 2–3 frisch gepressten Orangen • 1 TL Natron • 1 Päckchen Backpulver • 1 EL Nelken- und Zimtpulver • 200 g gerösteter Sesam • evtl. 150 grob geriebene, geröstete Mandeln • ca. 800 g bis 1 kg Mehl

Zubereitung:
Zucker, Olivenöl und Cognac in einer Schüssel mit dem Mixer vermischen, bis eine glatte Masse entsteht. Orangensaft, Natron, Backpulver, Nelkenpulver und Zimt in einer anderen Schüssel anrühren und dazugeben. Den Sesam in einer kleinen Pfanne rösten, ein Viertel davon auf einen flachen Teller schütten und beiseitestellen. Den restlichen Sesam und eventuell die gerösteten Mandeln ebenfalls in die

Schüssel leeren und alles vermischen. Nach und nach das Mehl dazugeben und mit der Hand verkneten, bis ein glatter Teig entstanden ist. Der Teig soll nicht zu hart sein, sondern eher weich und ölig. Zugedeckt ½ Stunde ruhen lassen. Dann kleine Kipferln daraus formen und in Sesam wälzen, den man mit etwas Wasser besprizt hat. Wenn der Sesam feucht ist, klebt er besser. Auf ein Backblech legen und im vorgeheizten Rohr bei 180° C 20 Minuten backen.

ALL'ARRABBIATA NEGRA

In Venedig haben wir uns alle in einer kleinen Pension einquartiert, wir wollen Tante Iphigenia nicht belasten. Denn aus Erfahrung wissen wir: Wenn wir erst einmal bei ihr sind, will sie uns bekochen und sich um uns kümmern. Aber jetzt muss sie sich einmal ganz auf sich konzentrieren!

Teseo und ich sind schon seit einigen Tagen hier und haben Tante Iphigenia bei der Auswahl der Zeichnungen und Bilder geholfen, auch beim Aufhängen in der Galerie. Die anderen sind erst seit zwei Tagen da. Die Frauen haben es übernommen, mit einem venezianischen Koch das Büfett für die Vernissage vorzubereiten. Tante Afroditi, Tante Pinelopi und Tante Ourania sagen, wo es langgeht, und lassen ihre Männer links liegen. Kosmas ist damit überhaupt nicht einverstanden. Er will mitmischen, nur wie soll er das anstellen? Hier haben die Frauen das Sagen! Teseo versucht ihm etwas auf Greco-Italienisch zu erklären, dann legt Kosmas seinen Arm um Teseos Schultern, sie lachen und entfernen sich. Manfred und Theofilos folgen ihnen. Vor allem freue ich mich darüber, dass sich Tante Afroditi und Kosmas tatsächlich zu einem festen Paar zusammengerauft haben! Vor Weihnachten werden sie das kleine Lokal in Cazorla schließen und nach Kreta fahren. Und im Frühling … »Tja, wer weiß, wie sich die Dinge bis zum Frühling entwickeln? Bloß keine langfristigen Pläne!«, ruft meine Tante Afroditi, als wir darüber reden.

In der Galerie drängen sich die Menschen vor den Zeichnungen. Einige der großen Karikaturen, deren Figuren leicht zu erkennen sind, ziehen die meisten Zuschauer an und geben Anlass für Gelächter und Gespräche. Andere Zeichnungen, vor allem jene, die Figuren aus der Politik Italiens oder Griechenlands darstellen, die dem Publikum nicht so geläufig sind, werden weniger beachtet. Insbesondere vor der Bildreihe, die die Mitglieder meiner Familie in Aktion zeigt, stehen viele Besucher: Tante Pinelopi im dunklen Anzug mit weißem Kragen, einen Taktstock in der Hand, dirigiert einen antiken Chor aus Köchen in langen weißen Gewändern, die ein festliches Gastmahl präsentieren. Auf einem anderen Bild reitet Onkel Theofilos, sofort zu erkennen an seinem buschigen Schnurrbart, als junger Satyr auf dem Rücken einer Ziege hinter einem Dionysos mit Spazierstock und den Zügen Onkel Manfreds. Meine Tante Ourania, im langen Kleid, mit tiefem Dekolleté und vielen stolzen Rundungen, steht mit offenem Mund als Primadonna auf einer Opernbühne. Dann gibt es noch viele Zeichnungen mit Stillleben, inspiriert von den großen Meistern. An einer anderen Wand hängt ein breites Bild, wie ein Wandläufer, das einen nie endenden Müllberg darstellt. Inmitten der Abfälle und Autowracks sind Hunderte karikaturartiger Details zu entdecken: die europäische Fahne, das Brüsseler Parlament in Miniatur, Gesichter von Politikern – Putin, Berlusconi und Sarkozy mit Krone, Kostas Karamanlis als Fischer, der gerade einen alten Schuh aus der Ägäis zieht, und, und, und … Daran muss meine Tante Iphigenia monatelang gearbeitet haben, so wie meine Urtanten und -großmütter Jahre für ihre gehäkelten Tischläufer brauchten.

Heute ist Tante Iphigenias großer Tag – ihre erste Vernissage seit vielen Jahren. Denn früher hat meine Tante ihre Zeichnungen schon öfters in Istanbul ausgestellt, sie war dort sogar eine bekannte Karikaturistin.

Nach den offiziellen Reden über Zeichnungen, Karikaturen und die Kunst der Cartoons, vor allem aber über die ausgezeichnete Strichführung meiner Tante, strömen die Galeriebesucher zum großen Büfett, das die Künstlerin nach einer kurzen Dankesrede für eröffnet erklärt hat.

Tante Ourania, Tante Afroditi und Tante Pinelopi helfen den Gästen mit Informationen über die verschiedenen Spezialitäten aus Ost und West. Onkel Yusuf, der am Kopf der langen Festtafel steht, hält eine lustige Rede über die kulinarischen Künste seiner Frau. Onkel Theofilos erklärt einer dicken Dame, von welchem Tier die glasierten Beine stammen und dass man die Lammkotelettchen mit der Hand essen kann.

Ich probiere ein Lachspaté in einer Miniaturschüssel aus Mürbteig. »Die schmecken himmlisch, diese Schüsselchen!«, flüstert mir Kosmas ins Ohr. Und Teseo bringt mir eine mit Selleriepüree und rotem Lachskaviar gefüllte Muschel! Mmh! Dann muss ich plötzlich ganz laut lachen. Teseo und Kosmas sehen mich verwundert an. Ich kann kaum aufhören. Mit dem Zeigefinger deute ich auf eine große Platte mit einem Berg schwarzer Spaghetti. Auf einem kleinen Schild steht: »All'arrabbiata negra!«

»Was ist denn daran so komisch?«, fragt Teseo, der sich meinen Heiterkeitsausbruch nicht erklären kann.

»Warte, lass uns hinausgehen und ich erzähle dir eine Geschichte. Vor vielen Jahren habe ich nämlich schon einmal einen Koch als Geschenk bekommen …«

Teseo ergreift meine Hand und zieht mich durch die Menschenmenge auf die Terrasse der Galerie. Die alten, ockerfarbenen Wände des venezianischen Hauses sind mit Kletterpflanzen berankt. Niedrige Säulen aus braungelbem Marmor, kunstvoll verziert, umsäumen die große Plattform. Entlang der Brüstung sind große Terrakottatöpfe mit exotischen Palmen nebeneinander aufgereiht. Tief atmen wir die duftende Luft ein und ich erzähle Teseo von meinem fünfzehnten Geburtstag, an dem mir Tante Iphigenia einen Koch schenkte: »Es war die Zeichnung eines Kochs mit einem lustigen Hut, der einen Teller mit einem Spaghettiberg präsentierte, seine Hand hinter dem Rücken hielt und sich vor einer Frau verbeugte!«

Da fasst Teseo mich um die Taille, hebt mich hoch und trägt mich zur Marmorbrüstung der Terrasse. Er setzt mich darauf, verbeugt sich vor mir, genau wie mein gezeichneter Koch, holt geschwind eine schimmernde Perlenkette aus seiner Tasche und legt sie mir um den Hals. »Dein Koch steht dir zu Diensten!«, flüstert er mir ins Ohr und ist gerade dabei, mir einen leidenschaftlichen Kuss zu geben … als wir lautes Klatschen hören. Meine Tanten! »Zugabe!«, rufen Onkel Yusuf und Tante Iphigenia, die soeben auf die Terrasse kommen.

»Wo seid ihr gewesen? Wir haben euch gesucht«, sagt Onkel Yusuf.

»Hier ist es sooo romantisch!«, seufzt Tante Iphigenia. »Und meine kleine Nichte hat ihren Koch gefunden! Wer hätte das damals gedacht, als ich dir die Zeichnung schenkte!«

»Was ist denn hier los?«, fragen Kosmas und Afroditi, die jetzt auch zu uns gestoßen sind. »Haben wir etwas verpasst?«

»Ja, einen feurigen Kuss! Den könnt ihr euch aber als verliebtes Paar selbst geben und wir schauen zu«, antwortet Teseo.

»Wir schauen uns lieber die Sterne an«, meint Kosmas.

»Ach, ist das schön«, seufzt nun auch Onkel Yusuf, »in diesem herrlichen Garten riecht die venezianische Nacht einmal nicht nach Kanal, sondern duftet nach Rosen!«

»Habt ihr Ourania und Theofilos gesehen?«, fragt Tante Pinelopi, die gerade mit Onkel Manfred dazukommt. Während dieser Tante Iphigenia umarmt und ihr zu ihren Zeichnungen gratuliert, geht Tante Pinelopi zielstrebig die Stufen hinunter und spaziert in den Garten. »Ach nein!«, hören wir sie kurz darauf rufen. »Habe ich einen Schreck gekriegt! Wen haben wir denn da?«

»Hast du etwa einen antiken Pilz im Garten entdeckt?«, fragt Tante Iphigenia ironisch.

»Eher ein antikes Ehepaar! Schaut euch mal an, wer auf der Gartenbank gesessen und genascht hat!« Theofilos und Ourania kommen strahlend hinter ihr hervor, jeder mit einer Schüssel in der Hand und einem Schokoladenschnurrbart über den Lippen.

»Theofilos, hat dir denn dein eigener Schnurrbart nicht gereicht?«, schreit Onkel Yusuf auf und lacht sich kaputt.

»Mmh!«, ruft Tante Ourania. »Diese Spaghetti all'arrabbiata negra, liebe Iphigenia, die schmecken ja sooo gut! Davon hole ich mir gleich noch ein bisschen, natürlich nur, wenn etwas übrig geblieben ist. Aber du musst mir unbedingt das Rezept geben. Das ist wirklich eine tolle Idee, feine Nudeln mit schwarzem Schokoladenmus, herrlich!«

»Wo sind denn jetzt unsere Nichte und der Koch hin?«, hören wir Tante Iphigenia fragen, während wir uns durch den Garten schleichen, die schmiedeeiserne Tür hinter uns lassen und uns in den dunklen Gassen Venedigs mit den silbernen Kanälen immer mehr von meinen lieben Tanten entfernen ...

DIE REZEPTE

Vorspeisen

Brennnesseln gebacken in
   Polenta mit Ricotta   189
Dill-Zucchini-Suppe   140
Dolmades
   (gefüllte Weinblätter)   121
Eingelegte Sardinen alla
   spagnola   73
Exotisches Kürbispüree   238
Garnelen in Honig glasiert   88
Humus   39
Knoblauchsuppe   202
Linsensuppe nach
   traditioneller Art   81
Maronensuppe   50
Oktopus mariniert
   mit getrockneten
   Tomaten und Kapern   215
Orangen- und
   Zitronensalat   203
Pastete aus Lachs und
   Krebsfleisch   77
Rote Bete mit Erbsen,
   Walnüssen und
   geraspeltem Parmesan   115
Sellerie-Knoblauch-Salat   129
Sesam-Feta-Bällchen   171
Taramosalata   153
Zaziki   153
Zaziki mit Aprikosen
   und Minze   19

Hauptspeisen

Artischocken à la Polita
   (nach Istanbuler Art)   122
Erotische Fleischbällchen
   (Keftedes)   146
Fleischeintopf mit
   Quitten, Maronen
   und Pflaumen   51
Forellen in Kräutersoße
   mit Selleriepüree   103
Gefüllte Auberginen   30
Gefüllte Pilze   45
Gefüllte Tomaten   175
Gefüllte Zwiebeln   135
Grillfleisch-Tipps;
   Senf-Ingwer-Marinade   165
Hähnchenfilets mit
   Kräutersoße   190
Hähnchen gefüllt
   mit Oliven   89
Kabeljaufilet im Backofen   130
Kalbsleber mit
   karamellisierten Trauben
   in Samoswein   222
Kohl und Kohlrabi,
   Walnüsse und
   getrocknete Pflaumen
   mit Zitronensaft   98
Lachsfilet in der
   Cartouche   198

Lammbraten aus dem Ofen	36
Leber-Saltimbocca an Süßwein-Kräutersoße	55
Moussaka, leichte Variante	109
Quitten mit Hackfleisch gefüllt	244
Rote-Bete-Tarte mit Kasseri, Manchego und Trauben	239
Schweinelende mit Senf-Bier-Zabaione	228
Spargel mit Sesam	20
Tarte mit Ziegenkäse und Oreganoblüten	170
Thunfisch mit Mangold und Kichererbsen	87
Weißwürste aus der griechisch-römischen Antike	97

Süßspeisen

Delische Süßigkeiten	90
Kourambiedes, Oma Zacharoulas weiße Plätzchen	197
Melomakarona	67
Orangenkuchen mit Walnüssen	62
Rosenblütenblätter in Zuckersirup	180
Sesamgebäck mit Olivenöl	248
Spaghetti mit Schokoladensoße	21
Tequilazabaione mit Vanilleeisparfait und Zuckermelone	230